I	贝克德意志史
	皇帝、改革者与政治家

Konrad Adenauer

Marie-Luise Recker

康拉德·阿登纳

（德）玛丽-露易丝·雷克 著　吕晶珠 译

广西师范大学出版社
·桂林·

Kanglade Adengna

Konrad Adenauer by Marie-Luise Recker
Copyright © Verlag C.H.Beck oHG, München 2010

著作权合同登记号桂图登字：20-2017-208 号

图书在版编目（CIP）数据

贝克德意志史.I：皇帝、改革者与政治家.康拉德·阿登纳／（德）玛丽-露易丝·雷克著；吕晶珠译.—桂林：广西师范大学出版社，2021.1
ISBN 978-7-5598-3132-3

Ⅰ.①贝… Ⅱ.①玛… ②吕… Ⅲ.德意志帝国－历史②阿登纳(Adenauer, Konrad 1876-1967)－生平事迹 Ⅳ.①K516.42②K835.167=5

中国版本图书馆 CIP 数据核字（2020）第 155054 号

出　版：广西师范大学出版社
　　　　广西桂林市五里店路9号　邮政编码：541004
网　址：http://www.bbtpress.com
出版人：黄轩庄
全国新华书店经销
深圳市精彩印联合印务有限公司印刷
（深圳市光明新区白花洞第一工业区精雅科技园　邮政编码：518108）
开本：787 mm × 1 092 mm　1/32
印张：3.5　　　字数：45 千字
2021 年 1 月第 1 版　　2021 年 1 月第 1 次印刷
定价：198.00 元（全 7 册）

如发现印装质量问题，影响阅读，请与出版社发行部门联系调换。

目 录

序 言 / 1

第一章　科隆人 / 5
　　　　家庭，市长，被迫退休

第二章　政党政治家 / 25
　　　　基民盟的组织构架、设计方针及成就

第三章　政府首脑 / 45
　　　　总理民主、稳定和经济奇迹

第四章　外交家和政治家 / 67
　　　　亲西方、欧洲一体化与和解

结　语 / 97

时间表 / 103

序　言

　　1967年4月19日，星期三，一个噩耗迅速传遍各地。九十一岁的康拉德·阿登纳在勒恩多夫的家中——如医学公报强调的——"安详"逝去。教堂的钟声回响在七峰山脚下的小镇，带来这位德高望重的公民与世长辞的消息。波恩为此降半旗致哀，联邦议院议长欧伊根·格斯腾迈尔在内阁和议院向其成员宣布阿登纳逝世，并表达了他对这位最年长的议员、前议院议长以及多年的联邦总理的哀思。由于阿登纳对德国人民和国家功勋卓著，联邦总统海因里希·吕布克下令举行国葬仪式，以表达崇敬之情。

　　4月22日，星期六，这位前任总理的灵柩从勒恩多夫运往波恩，人们特地选择了他任联邦总理时常走的一条路。警察护卫队引领送殡队列，联邦边防局的汽车运载着覆盖国旗的橡树棺木紧随其后。接着是逝者生前公务座驾奔驰300以及载有四名遗体护卫者的警车，亲属排在最后。队伍从勒恩多夫行进到柯尼希斯温特，从那里坐渡船到巴特格德斯贝格，随后穿过科布伦茨大街（同日被更名为阿登纳大道），最后抵达联邦总理府。灵柩在总理府的内阁大厅安放了两天，以便民众前来告别。每天有数以万计的人参加悼念，从清晨到深夜。上百万人观看了电视转播，哀悼仪式成为头号新闻事件。

国葬仪式于4月25日星期二，在波恩莱茵河畔的议院大厦举行。会场大厅内的五百一十七个座席被替换成了稍小的一千二百个。只有一个座席原封不动——1排9号座，上面放着一束白菊花。阿登纳自1963年10月卸任联邦总理以来的三年半中，总是沉默地坐在那里关注着会议和辩论。主席台的右边坐着美国总统林登·约翰逊，联邦总统海因里希·吕布克，法国总统夏尔·戴高乐以及联邦总理库尔特·格奥尔格·基辛格。左边是联邦议院议长欧伊根·格斯腾迈尔及逝者亲属。联邦立法院院长格布哈特·穆勒于中间就座。

此刻，多国政要云集波恩议院大厦，这在联邦德国近十八年的历史中前所未有：三位国家元首、十九位政府首脑、十四名外交部长，各欧洲组织机构驻德负责人悉数出席，对这名已不在位的老者致以最后的敬意。这位九十一岁老人的许多政治同伴也前来参加了悼念，其中包括年事已高的以色列第一任总理戴维·本-古里安，前英国首相哈罗德·麦克米伦以及前盟国对德管制委员会委员洛德·罗伯森和约翰·麦克洛伊。联邦总统吕布克在他的悼词中将这位老联邦总理誉为"带领德国人民回归自由之国"的领袖。之后由波恩贝多芬音乐厅管弦乐团演奏国歌。

在波恩的悼念仪式结束后两小时，科隆的所有钟楼齐鸣，为逝者奏响主教安魂曲。来自波恩的悼念人群到达之时，科隆大教堂四周已聚集了数万人。哀悼弥撒由逝者的多年好友红衣主教约瑟夫·弗林斯主持。在教堂南门伫立着联邦自卫军军乐队和海陆空荣誉连队列。

下午三点十分，教堂敞开大门。鼓声雷动，逝者的勋章、无数的花环以及灵柩穿过士兵夹道，被送出大教堂，安放到车上。不久之后出殡行列向莱茵河边行进。在那里，运送棺木的任务交由一艘联邦国防军的快艇负责。伴随着为其九十一年人生发射的九十一发礼炮，包括来自英国、法国和荷兰的十八艘舰船护送逝者最后一次踏上前往勒恩多夫的旅途。

航线沿着莱茵河再次途经逝者生前政治活动的中心地带。它开始于伴随他度过三分之二人生的故乡科隆，他在那里担任了十五年市长，在那里结婚生子；之后航行到波恩，那里有他家庭的一部分；之后途经绍姆堡宫，他过去的总理府；路过联邦政府，在那里他先是担任制宪会议主席，之后成为基民盟/基社盟党团成员，最后作为联邦总理极大程度地谱写了联邦德国的历史；经过莱茵河对岸的彼得斯贝格——过去的盟国对德管制委员会所在地，阿登纳从他们的手里艰难争取到这个年轻的国家的管理权并让其迈出逐渐走向自主的第一步。在柯尼希斯温特，一支小型的车队在军队的护卫下护送灵柩继续前往勒恩多夫。

当天的黄昏时分，在勒恩多夫的森林墓园，阿登纳被安葬在他父母与两任妻子埃玛和古希的身旁。仅亲朋好友出席葬礼。勒恩多夫协会圣胡贝图斯的射手扶灵入墓穴,儿子保罗作最后的祈祷。晚上九点,棺木在绿色树枝的覆盖下缓缓下沉。

这位以最高礼遇下葬的逝者是谁?他的政治行为准则是什么?什么塑造了他?他的私人生活和政治生涯经历了什么起伏?他同时代的人以及历史学家如何评论他?他留下了什么"遗产"?本书将简要地回答这些问题。

第一章

科隆人

家庭，市长，被迫退休

康拉德·阿登纳的人生经历了四个不同时期——德意志帝国、魏玛共和国、第三帝国以及联邦德国,政治经验极为丰富。1876年1月5日他出生于科隆,此时正值德意志帝国建立之初,公众对统一战争和德意志民族国家的建立仍记忆犹新。他父亲和母亲的老家都在莱茵地区,波恩的郊区。父亲约翰·康拉德和母亲克里斯蒂娜·海伦娜·阿登纳(娘家姓沙尔芬贝格)婚后于1871年8月搬到科隆。普法战争后,父亲从军队退役,被科隆司法管理处录取,成为中级公务员,后来担任州高等法院的书记官。1872年5月,大儿子奥古斯特出生了,接着是1873年10月二儿子汉斯,1876年1月三儿子康拉德·赫尔曼·约瑟夫以及最后,1879年4月女儿莉莉。1882年出生的第五个孩子也是女儿,出生后几个月夭折了。康拉德因此生长在一个始终为他提供依靠和支持的家庭。

阿登纳一家笃信宗教,这给家庭日常生活打上了深深的印记,每天全家会在早晚一同祷告。阿登纳一生都是一位实践型的天主教徒。据他后来自己所说,记忆中他从不曾缺席礼拜日的弥撒,除非是因为生病。对莱茵天主教的虔诚扎根于内心,宽容、开放、务实的品质影响到了这位未来的总理,直到生命的尽头。源自家庭的美德对于他人生的意义不亚于宗教。他在回顾过去时这样描述道:"责任感、正直、勤奋以及对每一个任务全力以赴的雄心"。几乎所有相关报道都提及了这种高尚的、追求成功的市民阶层公务员家庭形象。正如儿子描述的那样,不只是严格的父亲,还有干劲十足的母亲,一个具有"超凡能量"的女性,都对四兄妹的生活产生了深刻的影响。

学生时代的阿登纳,1883年

1885年复活节,阿登纳进入使徒文理中学,他的两个哥哥也曾在此就读。供三个儿子念书,对于父亲来说并不容易。这要求所有家庭成员勤奋、节俭、相互承担责任。由于两个哥哥已经上大学,父亲准备在小儿子中学毕业会考后送他去银行当学徒。然而,在瑟里希曼银行的学徒生涯只是一个插曲,事实上,康拉德只去那里待了十四天。1894年4月,在科隆一位市民设立的奖学金的资助下,他开始在弗莱堡、慕尼黑以及波恩大学学习法律,三年半后完成学业,通过了第一次国家考试,此时他二十一岁。之后他便开始了四年半的见习。1901年10月他通过了第二次国家考试，未来看似一片坦途。

然而他的职业生涯的开端，却是在摸索中前行。在科隆检察院当了两年检察官助理之后，阿登纳进入一家律师事务所，之后又回到司法部门。然而这并不是他最终的职业愿望，相反，他进入家乡的地方政府，并于1906年3月成功迈出了政治生涯决定性的一步——通过市议员大会当选科隆市市长助理。阿登纳由其所在的中央党推选，自由党也投了赞成票。自此，他在职业十字路口迈出了政治和行政生涯的第一步。

同时，1904年1月，他结婚了。妻子埃玛，娘家姓魏尔，出身科隆名门望族。这桩无疑始于爱和好感的婚姻，让阿登纳跻身科隆中产阶级，事业成功指日可待。二人相识于一个名叫"湿透"的网球俱乐部，阿登纳自过去某个时候起便是它的成员。这对年轻的夫妻先是居住在修道院大街71号一套装修得颇具品味的住房里。孩子出生后，他们在科隆郊区林登塔尔租了一栋房子。1911年他们搬到位于马克斯布鲁赫大街自己的房子里。1906年他们的大儿子康拉德出生了，1910年二儿子马克斯，1912年女儿丽娅。然而伴随多次怀孕，埃玛的身体状况明显越来越差，常年遭受肾脏疾病折磨，最终于1916年10月死于肾衰竭。

与魏尔家族的结合对阿登纳之后的政治事业形成强大助力。早在1907年，埃玛的姑父马克斯·瓦尔拉夫被选举为科隆市长，他侄女的丈夫阿登纳作为市长助理得到了他的赏识。1909年,当时的第一市长助理卸任,阿登纳被中央党党团推选为继任者,并得到了多数赞成票。时年三十三岁的阿登纳在任市长助理三年之后通过自己的勤奋努力、深谋远虑以及良好的政治人缘,成为科隆副市长,坐上了科隆市政府第二把交椅。在科隆的这几年政治学徒生涯,成为阿登纳未来人生的基石。在这里他学会了城市管理体系与工作方法,学会了如何和一个庞大的行政管理机构打交道。由于市长瓦尔拉夫实际上视他为左膀右臂,他得以了解地区政治的核心组成部分:经济、财政、金融和人事,在一战期间还包括生活物资供应。他的工作方式高效而务实,已经能看出后来担任联邦总理时的风格。

副市长的职位成为当选市长的跳板。1917年9月,阿登纳完成了这一跳跃,他再次被中央党党团推选,并获全票通过当选他家乡的市长。在市长瓦尔拉夫被提拔为内政部长赴柏林上任后,中央党党团对于推选他为候选人迅速取得了一致。自由党的银行家路易斯·哈根曾搭桥引线帮助推选阿登纳出任副市长,在这次选举中,他决定同样全力以赴。根据莱茵地区的城市管理规定,市长拥有较大的权力。在其十二年的任期内,很难通过市议会多数派的变更让他下台。他是议会的主席,有权决定会议的日程,可以宣传自己的政治计划以获得议员们的赞同。作为市长助理团队的上级,他有权决定各部门的格局,可以选择能力强的工作人员。身居市长要职,在任的这十几年可以极大地影响这座城市的发展。

这位新晋市长面临的第一个大挑战便是一战结束以及十月革命。对于在科隆成立工人和士兵委员会的呼声，他作出了积极务实的回应，并寻求与他们的领导人合作。在这个问题上他和科隆社民党主席威廉·佐尔曼达成一致。二人因在地方政府共事而相识，并相互欣赏。阿登纳早在一战期间便对佐尔曼承诺，让三名社会民主党成员进入迄今为止以自由党和中央党为主的市议会。与社民党的亲近在十月革命期间让阿登纳获益匪浅，正因为他充分考虑到了新的权力形势，才得以顺利地继续领导政府。

一场更大的挑战则与莱茵地区的未来相关。伴随着停火，英法同盟占领了包括科隆、科布伦茨和美因茨这几座桥头堡在内的莱茵河左岸地区，并在地方管理方面行使宗主权。关于法国特别要求的将莱茵地区从德意志帝国分裂出去，当时尚无法确认这会不会是一个先例。即使在德国内部也有过讨论，是否将普鲁士分割开，以一个更加平衡的联邦体制来打破它的主导地位。在莱茵地区，随着普鲁士新文化部长阿道夫·霍夫曼推行以政教分离为目标的教育政策，这种趋势变得更加明显。这导致"离开柏林"的口号在天主教徒占大多数的民众中得到了积极的回应。我们必须把阿登纳在1918年至1919年莱茵地区运动中扮演的角色放在这样的历史大背景下去评判。

十月革命及一战停火后那动荡的几周里，科隆不同的人和组织在讨论中提出了"莱茵共和国"的构想。阿登纳在这个问题上的立场和在这个背景下的行动很难再被重构，因为参考文献部分互相矛盾，或对此存在完全不同的诠释。只能说，他的立场既立足时局，又不忘着眼未来。尽管如此，阿登纳的指导思想还是有据可循的。

阿登纳担心法国意欲在将来签订和平条约时吞并莱茵河左岸地区，或者至少在那里建立缓冲国，这种担忧促使他产生了建立"莱茵共和国"的想法。他认为，将莱茵河左岸和右岸的区域合并为"莱茵共和国"，可以使得法国的计划破产，从而使德意志帝国保持住它的边界线。将被战胜国妖魔化为"欧洲恶魔"的普鲁士分割开来，一方面是出于对法国安全威胁的考虑，另一方面也符合莱茵地区人民渴望地区独立的愿望。阿登纳希望借助莱茵地区独立，使它向西方邻国的文化和经济靠近，从而消除法国觊觎莱茵地区的计划。

然而，这一项原本具有说服力的构想却被一些人嗅出了奇怪的味道，因为建立这样一个"莱茵共和国"可以被看作是投靠法国的第一步，事实上许多同时代的人的确这么理解。这让阿登纳在1918年与1919年之交的那个冬天的行为显得暧昧不明，也让后来人们对他在莱茵地区问题上所持的态度众说纷纭。

1918年11月9日，英法同盟抵达科隆前夕，阿登纳在市政厅接待了几个莱茵地区运动的代表，然而并没有向他们明确表态。12月4日在市民社会大厅举行的会议通过了在德意志帝国内成立莱茵共和国的宣言，科隆市长却因他的不在场而引人注目。之后和莱茵地区其他城市代表的会谈，他虽然积极参与，但由于战胜国计划的不确定性以及碍于来自柏林的阻力，并没有作出决定。再加上巴黎和会的决定并不能反映法国试图分裂莱茵地区的意图，因此建立莱茵共和国的想法就此作罢。

1923年秋天，阿登纳再次被卷入分裂莱茵地区的迷局。随着1923年1月鲁尔区被法国和比利时军队占领，莱茵地区的归属再起争端，前途不甚明朗。德国政府先是呼吁占领区的人民消极反抗，对占领区给予物质方面的资助，以应对增长的失业人数，以及给坚守的政府官员发放薪酬，希望借此稳固疆域，而这些举措造成的后果却是，还不到夏末，国家的经济濒临崩溃，货币贬值失控。消极抵抗的中断，来自柏林的供给可以预见的结束，莱茵和鲁尔地区岌岌可危：分裂主义团体试图建立莱茵国，并确定会得到法国和比利时当局的积极保护。

一个问题摆在阿登纳以及其他莱茵和鲁尔地区的政治和经济领导人面前：为当前局势找到一条出路，从而保护自己人民的利益。正如1918年与1919年之交的那个冬天那样，科隆市长将建立莱茵共和国的构想提出来讨论。莱茵共和国应该是一个德意志国（Deutschen Reiches）[①]版图下独立的、其具体的法律地位还有待商榷的联邦国家。在这个问题上必须顾及现实，由于德国政府（Reichsregierung）对占领区的支持难以维系，所以有必

[①] 魏玛共和国只是后来历史学家的叫法，当时德国的正式国号为德意志国。

要将其与德意志国的其他部分独立开来。此外，为了满足法国的安全需求，这个莱茵共和国在经济方面应更大范围地和西方邻国保持千丝万缕的联系。

德国政府的代表和占领区全权大使之间关于莱茵地区独立问题的讨论最终因意见分歧而终止。阿登纳和德国总理古斯塔夫·施特雷泽曼成为此次事件决定性的主角。阿登纳就被占区陷落的危险提出警告，他强调在这种情况下有必要注意与法国的协商，而施特雷泽曼却不赞成分裂。但最终人们还是达成一致，由莱茵地区推选的包括阿登纳在内的代表和占领当局谈判。然而这次谈判仍旧无功而返。

在阿登纳看来，莱茵共和国的计划是应运而生的，在德意志国当下生死攸关的危机中，它能保护占领区的利益，为因法国占领当局的高压手段和柏林收缩的物资援助而陷入内忧外患的占领区指明一条出路。这个时候莱茵共和国的独立程度与范围仍取决于外因：法国的赔偿政策对占领区施加的压力越大，德国政府越乱了阵脚，阿登纳就越有把握将莱茵地区分离出德意志国共同体的版图，与法国的利益寻求平衡。此外，所有相关计划和表态都和谈判双方各自对时局的判断以及战略斟酌有关。这也可以解释，为何阿登纳在莱茵地区问题上的立场不够明确。和五年前一样，1923年秋天他的出发点与分裂主义者的政治阴谋相去甚远。随着德国政府宣布终止消极抵抗，开始货币改革，并开始开展赔偿，莱茵共和国的计划废弃了。面对莱茵和鲁尔地区的代表，德国政府重新赢回了政治主动权。1925

年夏天盟国从占领区撤军,最终为莱茵共和国计划画上了句点。

阿登纳在莱茵地区问题上的最大反对者古斯塔夫·施特雷泽曼在回忆录中称,"当今德国的各市市长与各大实业家一样,事实上已经自立为王",这一评价揭露了当时社会的本质。十二年之久不受党派联盟限制的任期、极大的权力和操作空间,使得市长们可以对所辖区域施加巨大的影响。对于科隆这座莱茵河畔最大的城市的市长来说,也是如此。

科隆的发展应该归功于阿登纳。他推动的众多建设项目持续改变了科隆的城市面貌,其中包括扩建会展中心、为打造欧洲最大的内河港口之一而扩建的尼赫尔的莱茵河港口、修建当年堪称世界最大的科隆到米赫尔海姆的索桥,以及建设各种住宅和公共建筑。福特工厂的落户,国际出版博览会的举办,大大提升了科隆的经济地位。1919年科隆大学的建立以及初期扩建工程,为科隆的历史添上了崭新的一笔。最让阿登纳引以为傲的,是很大程度上被视为典范的城市绿化带。当年战争结束时,莱茵河要塞被拆除,一大片区域被空置,如今上面建成了住宅和工厂,最大的一部分区域被用于建造城市绿地,以及供市民休闲的场所。明格斯多夫新体育场就是在这样的规划下修建的,1928年在那里举办了德国体操比赛。

这些主要由阿登纳推动的项目,赋予了科隆全新的城市面貌。阿登纳希望提升大教堂之城的经济地位,改善它的城市质量，将它打造成现代的、具有吸引力的、适应未来要求的城市。尽管有相当的反对声，部分资金投入风险出奇的高，他却坚持不懈，运用高超的战术，利用他在政治经济界广泛的人脉，成功做到了这一点，借此对他的家乡施加影响。

在阿登纳日后位居联邦总理的光环照耀下，常有人指出，他在科隆时期的领导风格和人事政策，以及和议会打交道的方式都具有显著的特点。这个问题需要一分为二地看待。虽然他被提名为中央党的候选人，他在当选之后并没有把自己首先视为中央党的代言人，而是寻求各种政治势力的支持，并懂得如何在市议会里让他们相互制衡。然而他在政治方面却明显地与莱茵地区中央党、务实温和的社会民主党、主张共和及忠实于国家的自由主义者亲近。在城市管理选用用人方面，他更多地立足于功能性、个人能力以及对其政治计划的参与，而不是注重熟悉和信任。这种强势的，被一些同时代人称为"君主式的"管理方式让他得到的不只是民众的认可，更多的是对他宏大计划的批评，因为这让城市财政不堪重负。

和后期不同，科隆时期阿登纳在对外可见的政党政治活动方面参与度较低。他既不是科隆中央党主席，也不属于莱茵地区中央党的领导层，在普鲁士和国家也没有担任重要的党派职务。然而他在莱茵地区地方议会和地方委员会以及普鲁士参议院担任中央党议员。他较少参与政党政治活动，而是努力获得这些机构的主席一职，从而利用这个职位的功能和人脉关系扩大自己的政治影响。这反过来又有利于他最初的影响范围——科隆和莱茵省。他的政绩、威望、经验和习惯使他成为卓越的地区政治家,中央党在其历史上少有这样的例子。他的活动进一步扩大到国家层面证明了这一切。当然,他最关心的始终是这座莱茵河畔的大都市。

1921年和1926年,阿登纳在约见中曾两次被认真要求出任德国总理。这也是他政治声望的有力证明。第一次谈话正值内阁在赔款问题上遭遇失败,国家急需一位能够满足盟国要求的总理。被中央党的国会党团推荐的阿登纳虽然原则上答应接受这个职位,却提出了重要条件,即社会经济政策以及法律的重大转型,以及不受党派影响的组阁。而未来的联合政府伙伴党无论如何也不能接受他的要求,他的候选人资格因而被立即取消。1926年初的情况也没什么两样。德国将要组建大联合政府,准备处理一些无关物质,而关乎政治意义和象征意义,且颇具争议的问题,如国旗法规,以及针对贵族的赔偿问题等。在处理好这些问题之后,再转向一些更重要的政治领域。和1921年一样,科隆市长阿登纳拒绝了应急方案,坚持组建固定的联合政府,并坚持总理具有组建内阁的重要决定权。这和当时政府组建的惯例相悖,进入国家政界因而成了插曲。对阿登纳来说,莱茵河畔最大的城市的市长一职相比柏林的政治舞台更具吸引力。

1929年,阿登纳十二年的任期届满,须再次举行选举。

凭着极强的工作能力和审慎的工作方式，他本应得到市议会的广泛支持。然而在12月17日的投票中，他却只获得非常微弱的优势，九十六票中占四十九票。这次选举结果反映了人们对他那强势的、近乎专制的执政方式的不满，当然也受到逐渐显现的世界经济危机的影响。在魏玛共和国中期，科隆因为大兴土木进行了诸多价格高昂的投资，其中一大部分是通过贷款和短期债务来负担的。随着经济危机的加剧，贷款无法获得，相反，政府财政的债务比率成了危险的不祥之兆。由于大部分投资项目由阿登纳大力推动并支持，他必须对政府负债累累的状况负责。虽然其间他果断调整财政紧缩政策，但这在政治和物质方面都没能稳定局势。第二个任期成为他市长生涯中最不愉快的阶段。

》
》
阿登纳与古希的婚礼，1919年9月25日

在私人生活方面，这几年也不太顺利。1919年，阿登纳再婚。他的第二任妻子古希（奥古斯特），娘家姓岑泽尔，比他小十九岁，是邻居皮肤科医生的女儿。埃玛还在世的时候，两家人就走得很近，常在一起开音乐晚会，孩子们也常在一起玩耍。婚后，只要阿登纳的时间允许，年轻的古希便陪她丈夫更多地享受家乡的音乐和戏剧，帮助他从繁忙的公务中得到放松。两人共育有五个孩子：除了在婴儿时期夭折的费迪南（1920），还有保罗（1923）、洛特（1925）、利贝特（1928）、格奥尔格（1931）。和前一段婚姻一样，一家之主带着妻子和孩子在暑假期间去度长假，先是在德国国内，二十年代中期以来常去瑞士瓦莱州的尚杜拉。由于在科隆忙于公务，无暇参与孩子的教育，在瑞士的山里度假时，阿登纳总是试图弥补，可他要求严格，孩子们不总是领他的情。于是，他决定在这段时间扩建居所。他原本住在环境优雅的林登塔尔郊区的马克斯布鲁赫大街，为了给日益庞大的家庭拓展更多的空间，他扩建了原有居所并购置了相邻地区的一块地皮用于新建房屋。

从中显露出来的城市领导人的生活方式以及被众人视为不恰当的高额收入，使得他在二十年代末城市债务危机日渐明显之时遭到越来越多的责难。这持续削弱了他的地位。此外，关于他私人投机失误的传言四起。事实上，阿登纳参与了国外股份购买，而股价在纽约股市狂跌之后一落千丈，这是他除了不动产之外的所有家当。这个消息一经媒体披露，他的政治威望再次受到损害，特别是德国共产党和纳粹党将他作为攻击对象。

纳粹党接管政权后，他被迫下台。和其他城市一样，科隆与新的当权者的矛盾主要围绕表面的象征符号：1933年3月，纳粹党通过选举进入国民议会、州议会和地方议会，激动的人群要求在市政厅塔楼上悬挂纳粹党旗。在这种情况下，阿登纳仍然坚持悬挂黑红金三色旗，以此来维护魏玛共和国的秩序。然而，这样的举动并未能让他逃离厄运。2月中旬，希特勒在竞选期间去科隆参加一个群众集会时，阿登纳拒绝在机场迎接纳粹党的元首以及在城市建筑悬挂纳粹党旗。这一侮辱希特勒的行为，让他成为纳粹阵营更加猛烈的攻击目标。他们在地方选举的前一周策划了一场嘲讽和辱骂阿登纳的运动，带来了严重的后果。

1933年3月12日，选举当天，阿登纳结束了他十六年的科隆市长生涯。在这场选举中，纳粹党及其盟友在科隆市议会获得了四十六个议席，在共产党的席位被宣布进入"休眠状态"的情况下，成为多数派。因此市长只能选择自动辞职或被迫下台。然而这两者阿登纳都不情愿。在选举日的傍晚他再次进入办公室进行告别，随后关上市政厅的大门。在他死后，大门钥匙在勒恩多夫的书桌里被发现。

第二天早上阿登纳动身前往柏林，在寓所前监视他的冲锋队哨兵并没有察觉。他去普鲁士内政部长戈林处就科隆的现状以及政府支持的匮乏进行申述。在此期间纳粹党省长格罗尔占领了市政厅并敦促行政专区主席，让阿登纳暂时休假。在市政厅的阳台上，他宣布阿登纳"被免职"。

阿登纳期待戈林的干预，然而事与愿违，政府开始大力指控阿登纳的腐败行为。阿登纳为了抵抗诽谤，立刻申请了对自己的公务惩戒程序。随之而来的是"立刻暂时解职"。之后几年的讨论围绕着解职的形式、尚未支付的工资以及他有权获得的退休金。1937年8月他和科隆最终达成和解。科隆市为他支付十五万马克，虽然这既不符合先前阿登纳的经济索赔要求，也不能弥补他上交给科隆市的房产的价值。

在仓促离开科隆并在柏林短暂逗留后，1933年4月下旬，阿登纳先在位于艾弗尔山中的马利亚·拉赫本笃会修道院居住，院长伊尔德封斯·赫尔韦根是他的中学同学。修道院的宁静和与世隔绝，以及他对天主教社会学说的钻研，帮助他从几个月来的纷扰中解脱出来，得到了休息。他对一位好友的夫人朵拉·费尔德门格尔斯说，"这里宁静和寂寞的精神气氛让我心旷神怡……我能清楚感觉到……如果不是与自己珍视的东西分离，如果没有对未来的担忧，我会心满意足。我在努力地诚实应对时间和我自己的内心"。为了和家人团聚，他在1934年初租了柏林郊区的住所。在那里，由于受罗姆政变牵连，他被逮捕了几天。1935年4月底，阿登纳一家搬回莱茵河畔，搬到七峰山脚下的勒恩多夫。在与科隆市达成和解后，阿登纳的经济状况变得公开透明。他在半山腰购入了一块地，按照妻弟恩斯特·岑泽尔的设计建了一所房子。1937年圣诞节前夕，八口之家迁入位于策尼希斯路8a号的新居。

阿登纳在马利亚·拉赫本笃会修道院，1933/1934 年

由于被禁止就业，阿登纳一直以退休状态居住在勒恩多夫，直到战争结束。1934 年 6 月 30 日，希特勒发起了对冲锋队和其他政权反对者的整肃行动。阿登纳也被捕入狱，几天后又被释放。在公务惩戒程序中断之后，纳粹领导层对他失去了兴趣。他在修整花园、散步、欣赏音乐和阅读中度过时光，也有了更多的时间陪伴家人。他甚至可以重拾各种科技发明，一战前他偶尔专注于此。这些都帮助他度过被迫赋闲在家的日子。然而，长期消磨时日和长期被监视的生活让阿登纳陷入抑郁的情绪中。最让他担忧的还是家庭和自己的未来。

然而阿登纳并没有尝试与逐渐成形的抵抗势力建立联系。一方面，他对一些曾经的政治友人和志同道合者可耻地投靠纳粹政权感到失望；但另一方面，他认为，民众及军事反抗的意图和行为方式大胆而冒失，前途暗淡。当然，担心家人因此受到牵连，也是他和反对者保持距离的一个重要原因。尽管如此，他毫无疑问是第三帝国旗帜鲜明的反对者。在战争快要结束前，他再一次成为纳粹当权者的攻击目标。1944年7月20日刺杀希特勒行动失败之后的一个月，他再次被捕，被投进科隆会展区的一个集中营。在一次冒险出逃后，他被关进了布劳魏勒监狱。1944年11月他又一次获释，并得以回到勒恩多夫，在那里等待战争结束。

第二章

政党政治家

基民盟的组织构架、设计方针及成就

盟军挺进科隆彻底改变了阿登纳的命运。1945年3月中旬美国军官抵达勒恩多夫时，邀请他再次出任科隆市长。他的名字位列美国"白名单"最显著的位置。这份白名单上罗列了各类反纳粹的知名人士，美国人希望他们能参与战后重建。但阿登纳最初有过犹豫，经过几周准备后才同意回到科隆出任旧职。然而这次任职并没有持续太长。占领国英国于1945年6月底接替了美国的工作，并于同年10月6日解雇了他。因为他被指责在经济重建的过程中没有听从英国的命令，此外也没有遵循政治活动禁令。就这样，这次重新出任莱茵地区最大城市的市长成了插曲。尽管如此，阿登纳仍成为1945年后政党政治新起点的关键推动者。

建立一个超派别的基督教政党的想法由来已久，然而由于德意志帝国和魏玛共和国时期宗教的界限太强，相应的方案搁浅。1945年以后情况有所改变：惨痛地经历过魏玛政党体系的瓦解和纳粹的不义统治，加上天主教和新教反抗迫害时共同政治信念和纲领的产生，使得以基督教为基础的政党理念重新焕发生机。创立者的自我认识及设想在于，克服沿袭的宗教和社会的隔阂，建立一个由基督教信徒组成的"广泛政治行为共同体"（欧伊根·格斯腾迈尔语）。

在这个共同体中，人们具有相同的理念，即与作为资本主义及马克思主义根基的唯物主义世界观，以及由此产生的集权和集体主义倾向作斗争。这个即将诞生的共同体应服从法律和道德规则，让基督教伦理原则得到更新，让个体的尊严和自由得到重建，以防止国家的滥权。基督教的人的形象和道德法律准则，来源于自然法、基督教伦理以及西方文化，它在未来应决定政治生活。从这个意义上说，需要吸纳所有准备"破旧立新的力量"（《科隆纲领》）到旗帜背后来。

基督教民主的基地在柏林、科隆和美因河畔的法兰克福。在莱茵地区和威斯特法伦，新政党建基于由中央党组织的紧密的天主教工人运动网络。如今，建立一个跨教派政党的准备在中央党内得到了广泛支持。新政党建立之初，德国天主教徒中产生了基督教民主党人和同时期重建的中央党人之间的竞争。在新教占据优势的区域，建党圈更具市民阶层的保守特质，因为它们的形成根本上是原魏玛共和国中间党和右翼党中的纳粹政权反对者倡导的结果。要将这些不同的建党圈整合成为跨派别的政党，并将天主教和新教信徒结合起来，一开始困难重重，矛盾尖锐，而从长远来看，这种融合恰恰成为基督教民主独有的成功秘诀。

在科隆，基民盟由一群过去的中央党成员发展而来，它成立于1945年5月，领导者为前中央党人莱奥·施韦林。6月17日，在科隆的科尔平豪斯召开了关于建立"基督教民主党"的协商会，并任命了纲领制定委员会。7月1日，通过了《科隆纲领》草案。该纲领具有"基督教社会主义"思想的明显特征，人们在莱茵及威斯特法伦地区用它来为新党作宣传。阿登纳并不属于科隆建党圈的成员，却了解具体的步骤和意图。他在新党组建过程中的低调，一方面源于科隆市长一职的限制，一方面则是出于对一些建党圈成员所持的保留态度。他甚至没有出席1945年9月2日在科尔平豪斯举行的新党莱茵地区联合会的成立大会。而在那次会议中，他当选七人党组成员，施韦林当选党执行主席。缺席的情况下当选意味着，二百名代表中的很多人已将他视为新党的核心人物之一。

这一时期阿登纳的政治世界观以及据此形成的政治行为准则难以一言蔽之。在他看来，纳粹之所以成功，主要是由于德国人对国家及个人的地位持有错误的理解和想象，从而使得国家的权力凌驾于个人权益之上。因此他认为，应该把个人置于国家和社会理解的中心，个人的尊严和不可侵犯的权利是国家权力的边界。在政治经济生活中，以个人尊严和自由为本的基督教伦理准则及在此基础上产生的多元民主国家形式，是国家生活的载体。阿登纳1946年3月24日在科隆大学礼堂演讲时说道："我们把自己称为基督教民主党人，因为我们坚信，唯有扎根于西方基督教世界观、自然法以及基督教伦理原则的民主,才能担负起教育德国民众的重任,指引他们走向复兴。"

基督教民主运动在各地实现整合之后,在四个占领区创建了相应的联合会,接下来面临的问题便是如何在全德国范围内实现协作行动,建立一个共同的政治领导集体。1945年12月14日至16日在巴特戈德斯贝格举行的"国家会议"讨论了这个问题。由于柏林曾是帝国首都,以安德烈亚斯·赫尔梅斯和雅各布·凯泽为中心的柏林政党创立者尤其不断地强调他们的领导意愿,而来自西部的政党协会,特别是成员众多的莱茵和威斯特法伦地区的组织,并不愿意屈从。阿登纳作为这一区域最有声望的代表也果断拒绝了柏林联合会的"国家要求",因为他担心,柏林组织会迫于苏联的压力成为一个工具,协助苏联影响整个德国的政治发展。这次会议虽然没有达成组织上的统一,却在戈德斯贝格一致通过了新党名称"德国基督教民主联盟",并将"源于基督教责任的社会主义"作为共同行动的指导方针来宣传。

东部的基督教民主党人事实上正陷入苏联当局日益露骨的暴力统治,而英占区的基民盟由于成员众多且形成了跨地区的结构,逐渐显现出后来联邦政党的雏形。阿登纳积极参与基民盟的建设,成功地用他的行动和远见引领党的发展,并对党的政治方针产生了决定性的影响。对于这时已经七十岁的阿登纳来说,基民盟的占领区委员会是核心领导工具。该委员会在军事政府的推动下成立于巴特戈德斯贝格"国家会议"上，汇集了来自八个英占区州联合会的代表。1946年1月22日在黑尔福德举行的第一次占领区委员会大会上，阿登纳先是作为名誉主席主持了会议，后又被选举为委员会的临时主席。一个月之的内海姆-许斯腾会议（1946年2月26至3月1日）上，他又被委任为英占区理事会主席，这次会议达成了第一份占领区纲要，阿登纳积极地促成了它的通过。在他看来，至关重要的是，影响了《科隆纲领》的"基督教社会主义"理念应该被弱化，以便除了基督教社会主义者之外，自由民主主义力量也能在这份纲要草案中再次找到自己的位置。纲要强调，只要拥有坚定的决心，将基督教思想和真正的民主这一崇高理想作为革新的基础，革新就一定会实现。

天主教社会连带主义[①]和自由市场经济趋势之间的妥协，对于规定《阿伦纲要》更有决定性意义。作为经济和社会宪法的"纲领性声明"，《阿伦纲要》在1947年2月1日到3日的阿伦会议上由占领区委员会通过，文件上有阿登纳的签名。他是想用一条折中路线，避免党内的工会派（其在莱茵和鲁尔地区势力强大）让基民盟在市民阶层自由派当中的影响力下降。为此，《阿伦纲要》将保证人的尊严和自由视为党的核心社会伦理准则，确立了公共经济的秩序观念，即应限制私人资本利益的力量，从而防止经济领

---

① 社会连带主义渊源于法国社会学家涂尔干，不过这个译法是照搬自日本，而日语中的"连带"一词与汉语中的不同，有"团结""协作"之意。所以严格来说，应该是社会协作主义。这里依照惯例。

域的权力积累。这位后来的政党领袖在回顾过去时写道，找到一条基督教社会主义和基民盟创建者主张的市场经济原则之间的道路十分必要，这是基民盟未来发展最重要的前提条件："达成各种相互矛盾的观念之间的妥协，对于基民盟而言至关重要。如果不能实现观念的统一，我们的党恐怕会分崩离析。"

如果阿登纳能使自己在英占区成为基民盟毫无争议的发言人和代表，那么跨占领区的合作将会非常困难。各州基民盟对独立的追求以及在政策纲领方面的差异不利于紧密的合作。为此，包括阿登纳在内的各大地区联合会的主席达成一致，成立"德国基督教民主和基督教社会联盟共同体"，它被视为全德范围内联盟党的前身，1950年联邦政党基民盟成立前，是基民盟最高咨询机构。

在这个联盟共同体中，阿登纳和雅各布·凯泽之间就柏林基民盟的领导诉求和党的路线方针产生了激烈争论。尤其是凯泽提倡的外交政策，即赋予德国"东西方阵营的桥梁"功能，被阿登纳断然拒绝了。平衡迫在眉睫的东西方阵营之间的关系，在他的眼中是盲目自大的。鉴于双方阵营日益凸显的矛盾，阿登纳认为，德国只应该属于西方阵营。因此他竭尽全力，让凯泽离开基民盟外事发言人的位置。在苏占区当局的压力之下，东部基民盟逐渐失去独立性，凯泽和他的副手恩斯特·勒莫尔最后甚至被免除了职务，这不仅使得柏林党组织的领导诉求最终落空，"桥梁方案"也因世界政局的变化失去了意义。

随着阿登纳于1945年后积极投身政治，北莱茵－威斯特法伦的地方政治成了他的第二个舞台。由于他在科隆执政多年，政绩显著，在杜塞尔多夫政府争取一个职位似乎理所当然。然而他并无此意，而是在基民盟地方议会党团寻找自己的位置。1946年10月2日，在北莱茵－威斯特法伦州成立之后任命的州议会召开第一次会议，阿登纳不出所料被选举为党团主席。在这个职位上，他得以持续对新政府的建立施加影响。新政府组建过程中，最先出现的分歧是两个部门的领导人选问题：文化部负责中小学教育，内政部因其在人事政策及公务员法领域的权力被视为强权政治最重要的机构。在这个问题上已经可以看出，阿登纳在选用人员方面非常看重其政治影响力。他作为党团主席和党主席试图实施自己的想法，尝试实现基民盟影响力的最大化，然而协商并不成功，他的想法在基民盟内部以及其他可能的联合政府伙伴党内不能得到广泛认同。因此党团决定，暂时不参与组建政府。直到在1946年秋天的地方选举，基民盟遥遥领先，政治影响力显著提高之后，它才加入了杜塞尔多夫政府。然而阿登纳强调说，基民盟"暂时放下深深的怀疑才决定进入内阁"。造成他不满的首先是大联合政府中合作的党派，当然还有一些人事决定。

1947年4月21日州议会选举重新洗牌之后，阿登纳获得了实施自己想法的机会。虽然基民盟这次仍作为得票最多的党胜出，但如果它将社民党作为反对党不予考虑的话，就需要和两个更小的政党共同组阁。前任及现任党团主席试图与自民党和中央党组阁，但都因为党内的雇员派而告失败，该派不愿意接受这样的合作方式。而中央党也宁愿与社民党合作。领导基民盟社会委员会、曾在上届政府担任过副州长的卡尔·阿诺德的理念是促成基民盟和社民党的合作。阿诺德认为，这样一个围绕两党的工会轴心而建立起来的政治联盟，不仅在亟待解决的关于战后如何重建的构想方面有广泛的交集，也是保障在德国还不够稳定的民主的核心前提条件。在这个基本问题上，阿登纳和他的对手阿诺德有本质的不同。尽管如此，阿诺德可以在杜塞尔多夫推行自己的政治主张：1947年6月17日他以绝对多数票被选为基民盟、社民党、德国共产党和中央党大联合政府的州长。一直到1956年下台，在这九年间，他都是北威州决定性的政治人物。

对于阿登纳来说，和阿诺德的合作并不是一件容易的事。两人都清楚，党团主席阿登纳更乐意接受的是另外一种政党联合和另外一位州长。一些由阿诺德内阁启动的项目，阿登纳只能违心地支持。特别是对于杜塞尔多夫政府的关键计划——矿业国有化法，阿登纳明确持保留态度。党团内部不同派别之间看起来难以达成共识，在第三次宣读法律草案时最终以弃权的方式达成一致。阿登纳认为，就像其他立法项目一样，这反映出大联合政府最基本的问题，也即党内左派和社民党的联合存在一种潜在的危险——使党内右派最终分裂出去，从而导致联盟方案遭到损害。

担任杜塞尔多夫州议会基民盟党团主席的三年，是阿登纳一段重要的经历。虽然议会舞台对他来说并不陌生，他曾在担任科隆市长期间兼任市议会议长，1921年至1933年在普鲁士任参议院议长，1945年后担任杜塞尔多夫的北莱茵州地方参议院议员，以及在汉堡的英占区任顾问团成员。因此人们可以像鲁道夫·莫赛那样，称阿登纳是一位"老资格的议员"。尽管如此，杜塞尔多夫议会党团主席一职至关重要，在这里他积累了政治和程序方面的经验，对将来在波恩领导联邦政府大有助益。在杜塞尔多夫，他面临的任务是，将党团作为内阁的后盾，同时保障党团在政府行为中的发言权。他必须负责在党团内部的政治力量之间取得平衡，如工会派与经济派、天主教议员与新教议员、莱茵的地方利益与威斯特法伦的地方利益，以确保他们的凝聚力。基民盟一直以来面临诸多棘手的问题：不够牢固的组织、悬而未决的党纲等。这些问题给议会党团和它的主席的工作带来了不少麻烦。

但杜塞尔多夫地方议会最终只是阿登纳的侧舞台。他真正的活动范围是组建中的西德政府。鲁道夫·莫赛恰当地强调，阿登纳在1933年前以及1946年后的政治生涯中，一直努力"在所有他参与其中的、具有重要政治意义的委员会中担任主席职务"，并用自己的政治理念去构建这些组织。他之后晋升为西部占领区基民盟的党首和发言人，并在1947年至1948年间担任各种占领区及跨占领区组织的职务，都是对此最好的证明。

英占区顾问团成员由当地和所属州负责人组成，是战胜国成立的一个意见和信息互通的论坛。阿登纳作为基民盟主席属于顾问团一员，然而起到关键作用的却是当地的行政领导人。负责统一经济领域的经济委员会由英占区和美占区地方议会配备人选，阿登纳虽然没有入选，但将密友、基民盟党团主席弗里德里希·霍尔茨阿普费尔安排到了这个重要的岗位。经济委员会作出的一些抉择影响了日后联邦德国的政党政治地貌：首先，在这里成立了基民盟和基社盟的党团联盟，这个联盟在联邦议院一直延续了下去；其次，基民盟和德意志党以及自民党开始政治合作，这也是联邦德国第一届内阁的构成。阿登纳对这两个决定起到了至关重要的作用。在北威州议会的时候，他曾经尝试在社民党委员会下建立一个"市民阵营"，却因为卡尔·阿诺德的反对失败。在经济委员会中，社民党因其参与了大联合政府而要求经济部门领导人的位置，阿登纳极力阻止这一诉求，将基民盟的候选人路德维希·艾哈德推上了这一职位。这使得社民党退出与其他政党的合作，将部门所有负责人的位置留给新的大联合政府。这个决定对于联邦德国的政党地貌来说意义重大：第一次在一个具有重要意义的部门，市民政党之间尝试合作，并将社会民主党推向了反对党一方。

1948年9月1日为讨论联邦德国基本法，制宪会议在波恩召开。在那里阿登纳再次展示了他的影响力。关于阿登纳对西德基本法的贡献，特奥多尔·豪斯评价道："没有一个逗号是来自阿登纳。"这个傲慢的评价虽然在事实上没错,却公然忽略了阿登纳在制宪会议中扮演的角色。作为制宪会议主席,阿登纳首先是与占领当局联系的重要人物,而基本法最终须由占领当局获准通过。对于西方势力来说,他扮演着发言人和西德代表的角色,充当占领者和被占区之间的桥梁。这个身份对于他日后担任联邦总理是个很好的演练机会。此外,他在制宪会议的幕后一直充当各种利益和观点的协调者,力求在各种有争议的问题上获得最可行的解决方案,从而使得制宪会议的建议取得成效。在很多领域,不管是联邦制原则和经济法的设计,还是父母法以及国家与教会之间的关系问题,阿登纳都能用他圆柔的手开辟一条折中道路。在他看来,最重要的是,建议取得实效,让基本法成为现实。在这个层面上,豪斯的话并未能公正地评价阿登纳在制宪会议中的作用。

阿登纳积极投身于第一届联邦议院选举。早在北威州几轮投票前,他便展示了自己超强的竞争力。他精准的语言、准备充分的辩论以及有意识的夸张为他吸引了不少选民。1949年夏天,他再次展现其非凡的能力。在这场联盟党和社民党之间决定性的较量中,两党的经济政策方案成为争论的中心。来自基民盟的路德维希·艾哈德成为继阿登纳之后第二位强有力的竞争者,他所主张的"社会市场经济"概念在英占区基民盟第二次党代会上被写进1949年7月的《杜塞尔多夫纲领》,上升为基民盟的招牌。它虽然与《阿伦纲要》的目标"经济民主"以及它的物权法原则和社会政治原则一脉相承，却也希望超越这个目标，"朝着社会市场的方向"继续扩展。致力于开启一个竞争、自由、讲求效益的社会，是基民盟政治成功最关键的一步：在第一届联邦议院选举中，基民盟党员获得了近三分之一的选票，成为波恩议会最大的党团。

成为西德最强大的政治势力并非偶然。与基督教自然法观念相结合的理念符合战后德国民众的普遍情感。"仅基督教世界观就保证了权利、规则和标准，保证了人的尊严和自由，从而保证了一个真正的民主。这种民主不局限于国家政权形式，而应该扎根并深入个体、人民以及大众生活。"（《内海姆-许斯腾纲领》）政治责任的载体不是像国家和社会那样的集体，而是个体。重拾基督教-西方的原则，使得新政党中天主教和新教这两个派别的成员团结在一起。此外，经济政策和社会政策的纲领以连带、辅助性和财产社会公益义务①为导向，再加上政党自1948年、1949年起更多地转向社会市场经济，这些都符合时代的期待，远比社民党的政策具有说服力。社民党在其重建之后本质上仍固守传统规则，而基民盟却在纳粹垮台之后成功地调整了它的政治世界观，并对当下的核心问题作出回答。这在很大程度上解释了它对民众的吸引力。

在这个过程中，阿登纳起到了决定性的作用。他迅速着手组建这个跨党派的基督教政党的计划，并对此锲而不

---

① 德语中，"连带""辅助性"和"社会公益义务"三个词都是以S打头。

舍。在开始阶段，中央党的重建使得基民盟前途未卜。阿登纳通过人事关系，排除异己，合并基民盟地区组织，促使基民盟存活下去，并帮助它明确政治方针，使其发展壮大。阿登纳的传记作者亨宁·科勒说，"这是他政治生涯最伟大的功绩之一。鉴于新政党面临的巨大困难，我们可以提出这个问题：如果没有他，这项在德国政治领域全新的、最终获得成功的、消除各派别分歧的尝试，是否会因为顽固势力的坚持而失败"。他对新政党孜孜不倦的投入、他运用的战略技巧以及他在天主教阵营的权威铸就了基民盟的成功。此外，他用智慧和魄力让自己当选北威州基民盟的党首，并在这个职位上塑造党的政策纲领，使得基民盟具有将德国北方自由保守的新教圈子和南方基督教社会主义特征不太明显的天主教圈子黏合在一起的能力。这是拥有众多追随者的"全民党"①概念的重要根源所在。

1950年10月20日至22日在戈斯拉尔举行的第一次基民盟全德党代会上，阿登纳当选联邦德国基民盟主席，基民盟的发展随之达到顶峰。自此，他开始了对该党长达十七年半的领导，一直到1966年九十岁才离任。长期的领导使他对基民盟产生了决定性的影响。

---

① 早期政党通常成员极少，由有影响力的市民松散组成，基于自愿无偿从事政治工作，即所谓名誉党（Honoratiorenpartei）。名誉党常源自议会，由议员创立，随着选举权普及人口的更大部分，也就有必要建立组织机构以争取支持者，便有了选民党（Wählerpartei），其选民数量不成比例地高于成员数量，对政党的忠诚很弱，经费大部分来自外面。与市民政党相反，工人政党源自议会外，初期便有固定的、组织良好的机构，成员的比例相对要高，因而经费的很重要一部分来自党费，即所谓的成员党（Mitgliederpartei）。而全民党（Volkspartei）是成员党在现代传媒语境下的一种表达。

人们总会不断提到,"阿登纳时代"的基民盟在联邦层面没有独立性,是一个"总理的党",是总理府的衍生物,而且党纲不够清晰。事实的确如此:党员的缺乏,只有较强的州才有党组织存在,以及联邦议院党团对总理的绝对忠诚,这些问题在二十世纪五十年代降低了该党的政治影响力。一直到五十年代末,它都仅仅是一个得到德高望重者和选民支持的党。然而我们首先不应该把它看成缺陷,而应该认识到,它是基民盟成功史的一部分。从跨党派的基督教整合运动发展成一个囊括和吸收众多社会阶层的全民党,其道路漫长、坎坷而艰辛。唯有给不同的地域特色创造发展空间,并放弃严格的党纲,才能走向成功。

作为联邦德国总理和党主席,阿登纳通过他的个人力量和政策创造了这一前提条件。跨党派的整合方案以及以阿登纳为中心的政府实践,以有利的方式合力使基民盟成为多数派。由于参与了政府责任,承载了它的功绩,政党在建立之初极力主张的意识形态基础逐渐淡化,走上了一条关注政府工作的实用型道路。很典型的,基民盟在联合成为联邦政党之后,并没有发展出独立的党派纲领,而是带着选举纲领出现在公众的视野中。选举纲领在党代会上通过宣言或专题演讲的形式,结合当前的具体需求得到充实,以服务于满足广泛选民的诉求这一目标。

在选举中,阿登纳采用现代的宣传方法成功地调动广大选民。能展现基民盟纲领和政治认同的政策,也成了宣传运动的中心和动力:战后重建、社会市场经济、同西方

1953年竞选海报：基民盟1953年的竞选活动完全是为阿登纳量身定做，连他的党派都没有提及

社会的连接以及欧洲一体化。他以最大的活力和干劲投入选战，面对政敌的抨击毫不畏惧，使得选举取得辉煌的成绩。在他任党主席期间，基民盟没有在任何一次议院选举中获得少于45%的选票，1957年甚至达到了绝对多数。

阿登纳集政府首脑和政党主席于一身，这使得基民盟与联邦总理主张的政治决策和未来视野紧密地结合在一起。他赋予了基民盟不变的纲领，让它对选民具有强大的吸引力。比起联合政府内其他的小党派，波恩内阁的成就更多地归功于基民盟，这有利于基民盟俘获选民并发展成"市民阵营"中的主导力量。五十年代末基民盟成功地吸收和整合了大部分于1945年后新成立的小党、地方性政党和利益团体。

然而，在辉煌的十年过后，接下来的日子里，基民盟的问题凸显出来。1949年上台执政后，为外交、经济秩序及国家重建寻求大方向的努力暂时掩盖了基民盟组织和纲领方面的缺陷。然而在第二个议会任期结束之后，基民盟面临了巨大的困难，即政策纲领必须适应日趋自由化的多元民主下需求及观点的多样性。他们必须学会成为一个现代的政党：具有中央组织、深入的党员培养、自己的官僚机构以及开放的决策结构。六十年代初产生过相应的方案，即将基民盟的政党领导权作为一个机构固定下来，由多人来承担。这样做非但没有实现政治效力，还引发了权力矛盾，因为关于改革的讨论放弃了基民盟自1945年后所团结的不同的政治分子、教派和同乡会[①]。

试图借助新的政党纲领来推动政治定位的尝试也跨踬不前。1962年，关于发展为成员党的决定，在普遍的社会转型过程的背景下，给基民盟带来了新的选民和成员团体。这些团体和原先的名誉党结构格格不入。需求和跨派别现实之间的鸿沟，联邦制党派结构和中央集权倾向之间的矛盾，新的年轻的成员团体进入党内民主，还有世俗的工业社会对党名"基民盟"中"基"不明确的定义，这些都考

---

① 二战后，有很多德意志人被迫离开欧洲东部流入联邦德国，他们成立了"被驱逐者联盟"及各种同乡会。

验着党的整合能力。随着联邦总理由阿登纳换成艾哈德,总理职位与党主席相分离,基民盟的工作进一步遭到破坏,特别当"老人"试图继续影响政治决定。作为党主席的最后几年对于阿登纳来说更多的是折磨和不满。

第三章

政府首脑

总理民主、稳定和经济奇迹

1949年8月21日，基民盟和基社盟的领导层代表在阿登纳勒恩多夫的家中会面，这次著名的会面是建立一个以阿登纳为首的市民政党联盟道路上的关键转折点。在一周前的第一次联邦议院选举中，联盟党以31%的票数成了最强的政治力量，领先于得票29%的社民党——虽然差距细微。悬而未决的战后重建措施是否会让两个最大的党派的联合成为必要，在基民盟党员中仍存在争议。然而，在勒恩多夫的会面让主人阿登纳说服了他的客人们，选民已经决定继续支持早在法兰克福经济委员会实践过的与自民党和德意志党的联合执政，而且社民党没有兴趣参加一个由联盟党党首领导的大联合政府。他也谈及最高领袖的人选问题，即自民党主席豪斯拟任联邦总统，而阿登纳自己任联邦总理。关于自己的候选人意愿，他说，自己在英占区基民盟占据有影响力的位置，"具有治国理政的一些经验，以及比过去想象中更加强健的手肘"。此外，他用轻描淡写的方式向他的听众们强调，医生认为他虽然已经七十三

阿登纳在总理选举表决前，1949年9月15日

岁，但具有足够的能力再执政"两年"。

在勒恩多夫达成的约定现在还需取得当时不在场的基社盟领导成员的首肯，才可付诸实施。这次协商内容的广度和深度迅速消除了之前党内反对市民政党大联合政府的声音。与自民党和德意志党的联合协商尽管某些时候进展缓慢，但也最终取得了成效。这样，阿登纳在1949年9月15日获选联邦总理，在第一轮投票中获得202张选票——当选的最小绝对值。这样低的票数让他认识到了形势的严

峻,他对此的反应是:"到目前为止还行!"9月20日,内阁进行宣誓,新任总理在议院讲台上宣读他的第一份政府声明。

基本法的制定有意识地摒弃魏玛宪法,赋予了总理很高的地位。联邦总统首先具有建议权,如果他建议的人选在议院第一轮投票中没有获得多数,他的建议权便自动移交给议院。这样,作为国家元首的联邦总统便无权干涉议院推选的总理候选人。为了利用宪法政治手段来维持议会制政府的稳定,引入建设性的不信任表决非常关键,它的基本思想是:只有在同时产生一个新总理的前提条件下,才允许议院解散政府。这个决定意欲阻碍分属不同党派的议院多数派投票罢免政府首脑,加强他的领导地位。最终,他有权选择部长,决定他们的职权范围,还可以决定总体的政策方针并贯彻它们。

在实际政治生活中,总理强大的地位却被大联合政府的构成所限制。他不仅需要考虑到党内不同地区和不同派别的利益,还得顾及姊妹党基社盟以及两个合作党派在人事和内容方面的需求。这表现在联合政府的协商和部长任命方面,总理的看法某些情况下会与合作伙伴的意愿相左。比如,虽然艾哈德任经济部长一职并不存在太多争议,但内政部长海涅曼和劳动部长施托希从一开始便不是阿登纳心目中的最佳人选;此外,让联合党派的党主席们进入政府管理团队任要职这一类问题,也束缚了阿登纳的政府组建构想。

阿登纳从一开始便显示了严格管理内阁的决心。在会议开始的时候他常常会利用较长时间的阐述来界定主题框架，明确讨论的目标。当然，为了尽量避免在其他场合出现分歧，他不愿在讨论中阻断争吵，但在他的引导之下，讨论变得更加顺利且有秩序。阿登纳充分诠释了基本法中规定的总理制定指导方针的权力。他对部长提出警告的情况并不多，但一旦提出便毫不留情。在给经济部长艾哈德的信中，他用不含问候语的生硬语气写道："您的整个行为不可思议，您完全错误认识了联邦政府的本质。还从来没有哪位部长有权力，在决定性的问题上独立决定政策，反对内阁的决策或者联邦总理的指导方针。"他还向艾哈德和其他部长指出，根据宪法，他作为总理不但有权任命内阁成员，也有权随时无理由地免除他们。当然他也知道，走出这一步需要付出巨大的政治代价，因此他从未实施过。

联邦总理府发展成了政府政策的中心。总理府的设立旨在让总理了解当下的政治问题，为政府的决策作准备，控制决策的实施，协调各部的工作。由于阿登纳得以根据自己的想法和领导风格构建总理府，尤其是在其功能和格局方面，总理府成为他执政期间领导政府最强有力的工具。总理府内最亲密的工作人员汉斯·格洛布克、瓦尔特·哈尔斯坦、赫伯特·布兰肯霍恩、费利克斯·冯·埃卡特被视为总理最得力的干将。他们的职责不仅在于政府行为的协调、与各部的联系，给阿登纳献计献策以及执行他的政治活动和想法同样重要。尤其是因曾参与纽伦堡种族法的评述而备受争议的汉斯·格洛布克，被视为工作能力极强的多面手和阿登纳的左膀右臂。这个人数不多的工作团队事实上就坐在绍姆堡宫内相邻的房间里，他们的作用和工作效率被同时代的人以及后来的观察者不断强调。

在总理府内部，也产生了各种机构，这些机构后来发展成了各部的核心。这些机构首先是以哈尔斯坦和布兰肯霍恩为首的对外事务部，由于战胜国暂时不允许设立外交部，对外事务部便构成了阿登纳外交活动的框架。此外，布兰克事务部的作用也不容小觑，它负责军事安全，特别是西德的国防问题。这些部门在总理府内部给联邦总理提供了额外的辅助，以便他在处理与西方盟国的关系以及提升未来联邦德国的外交地位时能把握大局。

阿登纳与瓦尔特·哈尔斯坦在波恩，1959 年 1 月

构建阿登纳"总理民主"的一个决定性因素是将与盟国对德管制委员会的关系放在首要位置。这个"彼得斯贝格的附属政府"地位远远高于波恩的联邦政府,一直以来拥有干预权和批准权,特别是在外交事务、外贸、对鲁尔区的控制和削弱,以及很多内政问题方面。联邦总理是盟国管制委员会最重要的协商对象。这凸显了阿登纳高于内阁的地位。除了这种独有的联系,他还掌握了西方盟国关于政治目标和见解的特殊信息,这都是他执政日常中可资利用的资源。在政治争议问题上,比如联邦德国与西方的一体化或者重整军备,阿登纳能够越过内阁和公众,与三位盟军高级专员一起就要点进行探讨,并同他们合作执行。

争取联盟党团对政府政策的支持非常必要,尽管这相当棘手。与内阁的合作不尽如人意,信息流通与协作尚待改进,议员们的抱怨声从未间断。对此,阿登纳常常带着详细的情况报告,尝试通过定期出席联盟党团的活动来解决这个问题,然而这一直以来都是一个敏感话题。特别是在外交政策问题上,议员们认为总理总是先斩后奏,替他们行使权力,使他们沦为政府的服务机构。在内政方面,总理虽然留给他们较大的决策空间,却能在有争议的问题上贯彻自己的意愿。

在政府和联盟党团议员之间协调的中心人物是联盟党团主席。阿登纳把海因里希·冯·布伦塔诺与他的继任者海因里希·克罗内更多地视为议院和政府之间的中间人,而非党团利益的代表。在总理参谋团,他们常扮演着传送带的角色,把总理的观点和建议传达给党团,这有时却会在党团触发异议。"去党团如同入炼狱",阿登纳有次对当时的联邦议院议长欧伊根·格斯腾迈尔说。虽然经常感受到来自党团的紧张气氛,他却能通过个人权威和无可争辩的政治领导地位成功贯彻自己的主张,掌控联盟党团。

阿登纳"总理民主"的鼎盛时期是第二届和第三届任期。那时,他在议院广泛多数的支持下,强势推行自己的政治主张,主导波恩的政治舞台。这位八十岁的瘦削老人在民众中也赢得了极高的认可和威望。如同敏锐的瑞士观察员弗里茨·勒内·阿勒曼在五十年代中期对年轻的联邦德国的观察,德国民众认为"民主和权威之间并不矛盾",而这要归功于第一任总理阿登纳。当时,在民众的政治情感中,依然存在对权威的需求以及集权的追求,而阿登纳父权式的领导风格十分符合这种情感。他的年龄和充沛的精力赋予他尊敬和荣誉。他的生平可以追溯到德意志帝国时期,这让年长者可以从他身上找到接触点和共同的经验;对于被第三帝国消磨了青春的年轻一代,他则帮助他们找回自己的定位和方向。他用这种方式对民主扎根联邦德国作出不可磨灭的贡献。

阿登纳对于纳粹这段历史的态度不能被简单描画。他丝毫不否认第三帝国的错误,以及民众充当其帮凶的事实。1946年2月他对一位波恩的神父说:"德国民众……几乎毫不抵抗地,一部分人甚至狂热地……联合在一起听命于纳粹,他们的罪过即在于此。即使人们对集中营的全貌不甚了解，但他们一定知道个人的自由以及所有的法律规范被纳粹践踏，集中营里实施着各种酷刑，一定知道盖世太保、冲锋队和一部分我们在波兰和俄罗斯的军队对当地平民无一例外的暴虐行为，以及1933年和1937年发生在公共场合的犹太人大屠杀……我们真的不能断言，公众不知道纳粹政府和统帅部在干着违反天赋人权，违反海牙协定，违反人类最基本戒律的恶行。"然而，阿登纳对西方盟国的去纳粹化政策，特别是对那些"随大流者"的清算，持怀疑态度。因为去纳粹化恰恰会带来一种威胁，即"将人们驱赶到过度民族主义的怀抱中"。对他来说，重要得多的是"将德国人的精神从纳粹主义赖以生存的基本观念中解放出来"，这在他眼中是政治和政治领袖的任务。

除了对先前的纳粹清算在原则上批评之外，阿登纳的行为还有战术上的考虑。大批的前纳粹党员、士兵、被拘留和辞退的官员，甚至是已经被宣判的冲锋队成员，都应当被争取到民主体系中，被融入新政府中，从而稳定社会秩序。针对这个问题，他最终要求基民盟给予这部分人一个政治归属，以防止他们转而投向极右翼敌对阵营。在这个背景下，五十年代早期还宣布了不同的赦免法，此外对基本法第一百三十一条涉及的人（战后失业的纳粹时期国家公职人员及国防军军人）恢复名誉和发放抚恤金，以及采取一定措施降低其被刑事起诉的可能性。阿登纳的用意在于，将这部分"背着包袱"的公务员吸收进正在组建的各部，甚至让特奥多尔·奥伯伦德尔和瓦尔德马·克拉夫特这些饱受争议的候选人任部门领导。他的理由是，不能放弃这部分人的专业能力。

承认德国人对犹太人进行种族灭绝的罪行，并"补偿"他们遭受的创伤，同样是一种战术策略，亦即希望通过这种方式，让德国走出被排斥的状态，返回国际共同体，获得国际声誉。不过阿登纳之所以面对对犹太人犯下的罪行，向幸存者迈出第一步，除了政治智慧使然，更是出于道德义务。因此，1951/1952年联邦德国和以色列之间，以及在"犹太人向德国索赔大会"上达成的补偿协议，得到了阿登纳个人十分坚决的支持——顶着西德公众以及基民盟内部的激烈反对。他在议院第一次宣读批准法时说："德国民众的补偿行为非常必要，因为我们曾因滥用德意志民族的称号而实施暴行。这致使犹太人必须忍受被迫害的命运，不光在德国，而且在纳粹的势力所及之处——在战争很长一段时间里包括大部分欧洲。迫害的规模，及造成的人类和物质财富的牺牲，不仅使得特殊对待受迫害犹太人的赔偿问题是正确的，而且是必要的。"联邦德国政府在赔偿协议中对自己提出了这样的道德义务。

阿登纳作为联邦总理对西德外交政策影响巨大，至于内政问题，他在掌控全局的情况下，给了议院和内阁更大的决策空间。联邦德国成立后的前几年，优先考虑的是应急的基础性立法，旨在战争、被占领、个人痛苦和物资短缺后，为新的国家奠定根基。这种社会政策基础工作的里程碑是为约四百五十万战争受害者提供帮助的联邦救济法，针对受纳粹专制迫害者的联邦赔偿法,最早的针对退休人员艰难处境的养老金法以及最后,战争损失赔偿法。由于有近千万被驱逐者逃到了西部占领区,政府通过这些救助和赔偿计划减轻他们因为逃亡而导致的困苦,为他们融入西德社会铺平道路。关于是侧重按比例进行财产损失赔偿,还是侧重实行消除社会差异的再分配,争议逐步升级,而联盟党中由被驱逐者组成的派别威胁要分离出去,阿登纳也出面试图达成妥协;他承诺实行配额制原则,但在支付的形式上给予社会利益以优先性。

阿登纳的干预和形塑,还明显地体现在参与决策问题上。雇员参与企业的管理和组织是一种要求,政府不愿意回避。关键矛盾点在于,工会要求雇员代表拥有平等参与企业监事会的权利。这不仅遇到了企业方的强烈反对,还引起了联合政府内部的矛盾。为了说服工会在别的问题上——比如煤钢共同体的建立和重整军备——保持建设性的态度,阿登纳作为联邦总理也出面干预,并最终获得解决方案:煤钢行业于1951年实施雇员代表和企业平等决策,其余行业则是在1952年达成一致,实施非平等决策(雇员代表占三分之一)。阿登纳甚至在自民党和德意志党反对、联盟党团和社民党党团赞成的情况下,推动这些法令的第一部的通过,这将政府推向了崩溃边缘。第二部,即企业劳资法,在联合政府内通过。

随着对经济秩序的整顿,联邦政府得以从第二个选举周期开始,将社会政策的重点放在政策纲要方面。住宅建设领域的家庭私人住房方案不仅有力论证了基督教民主的家庭理想，而且促进了各阶层人群的财产建设。子女补贴费的引入同样是这种家庭理想的体现，为多子女的家庭发放补贴费有助于平衡他们的经济负担。为了维持战后社会稳定，保障退休人员和伤残人员的基本生活，政府还规划了广泛的社会改革。然而，这样一个宏大的计划不管从规划还是从时间方面都很难得到成功的推行，于是改革的重点最终落在了其中一个部分——养老，这当然也源于总理的推动。通过将养老金与毛工资的发展挂钩，为工人和雇员引入"动态养老金制度"①，不仅使得养老金的金额显著提升，还改变了养老金的功能：不再是老年阶段的"外快"，而是作为工资的替代物使参保人保持与退休前相当的生活质量。这一措施同样得到了阿登纳的大力支持。

"动态养老金"的引入，使阿登纳在1957年的大选中获胜，它是一项杰出的成就，但某种程度上也是联邦德国福利国家建设的顶峰。在这之后，道路变得更加坎坷，财政空间变得越来越窄。此外，关于基本原则的讨论让政策的制定很难达成一致：到底应该通过自救和自我责任，即辅助性原则，来获得生活保障，还是应该更多地通过国家税收来发放经费？由于联合政府内部激烈的分歧以及利益代表强硬的态度，这个包括卫生保健体制、家庭政策升级

---

① 德国的法定养老保险创始于19世纪末，起初养老金是固定不变，但在经历了1930年代经济危机之后发现，退休职工的生活水平会因通货膨胀而下降，因此1957年进行了改革。

以及其他社会政策改革方案在内的"社会一揽子"计划，只能被拆解成小部分。最终采纳的措施——特别针对工人的法定疾病救济金、针对农民和农场主的养老救济金、手工业者补助法和联邦社会救济法——虽然能够弥补之前的生活水准，但广泛的动态性被证明是一把双刃剑，带来了分配战争，并没有取得预期的政治（选举）成就。

阿登纳将联邦德国福利国家的建设和德意志帝国时期强大的社会福利国家传统联系在一起，但同时也考虑到战争和战争影响带来的对物质安定的要求，在不断试错中创造了维持战后社会稳定的工具。此外，他认为，一个经济和社会政策具有吸引力的联邦共和国应当在体制竞争中超过民主德国，并对东德民众展现魅力。这点对联邦德国的社会政策尤为重要。

福利国家的建设得到了五十年代持续增长的经济的支持与护航。1949年7月15日，社会市场经济方案在《杜塞尔多夫纲领》里被升格为基民盟的经济政策计划，在议院第一次选举前作为基民盟选战的中心要素，在新的政府里同样成为其经济政策的纲领。这里，自由、经济自由和竞争占据中心地位，因为只有在这个条件下，经济力量才能发挥全部作用。同时，市场过程必须受到强大的、不依附于利益集团的国家的限制。国家被赋予的任务是，为经济竞争创造一个法律规则框架，使得市场力量的游戏受到限制，公共福利得以发挥作用，社会利益得到维护。然而，西德经济发展一开始的突出问题是"建国初期危机"，如高失业率和国内经济疲软。直到1950年6月朝鲜战争爆发后世界范围内的繁荣,它的经济才开始发力,最后发展为"经济奇迹"。

经济部长路德维希·艾哈德被誉为社会市场经济的代表和"经济奇迹之父"。早在法兰克福经济委员会任职时,阿登纳便帮助这位无党派的法兰克人成为经济主任,在基民盟实施他的秩序自由主义方案。这远不只是一个战术联盟,因为艾哈德宣传的经济政策理念正好是阿登纳自己偏爱的。一个是极具权力意识的总理,一个是原则性强,对政治妥协不总是包容的经济部长,二人经常发生矛盾,关系紧张。但总体上看,这个联盟还是颇具创造性的。一直到五十年代末,两人之间除了性格方面的差异外,权力矛盾凸显,这使得合作关系变成了竞争和对抗。

阿登纳与艾哈德,1965年基民盟在杜塞尔多夫召开的大会期间

社会市场经济的政策得以在波恩的市民联合政府模式下成功实践。市民联合政府削弱了基民盟中的左派，让经济自由派成为与自民党的交集点。它不仅仅是一个秩序政策的基本方案，让市场力量的自由和社会平衡的原则联系起来，还提供了一个和社民党的经济政策相区别的平台。同样重要的是，它制造了一个与民主德国的社会主义计划经济相对立的模式。东西方之间的体制竞争在阿登纳的经济政策中发挥了重要作用。

引起轰动的经济奇迹还为基本的社会政策立法创造了条件，让被驱逐者和五十年代从民主德国涌入的难民得以迅速融入西德的政治、经济和社会。1950年到1960年，国民生产总值翻了一番。1950年到1963年净实际工资翻倍，国家几乎一切都在朝好的方向发展。大众的生活越来越富裕，这有助于消除传统阶层差异，改变生活方式和工作环境。这些对于低收入群体来说意味着"告别无产阶级"（约瑟夫·穆塞尔语）。六十年代，社会更加注重消费和业余生活。

民主和富裕是协调一致的，这个经验大力促进了新的政治秩序植根于西德的进程，社会和政治方面反对的声音由此被边缘化。阿登纳作为第一任联邦总理很大程度代表了运转良好的议会制民主和社会市场经济的结合。无疑，阿登纳并不是"民主的导师"，他习惯于权威的领导风格，时常会在政治方面无所顾忌，性格两极化。在与其他宪法机构、与政敌，甚至与部分党内同僚的相处过程中，他表现得很生硬和无理，总是试图贯彻自己的意志。然而彼得·格拉夫·基尔曼斯埃格的评价会得到赞同：如果没有阿登纳的领导能力，没有他给新建立的国家指引方向并调动大家对新政权的认可，新政权不可能得到人们的广泛承认和接受。德国历史上第二次民主在它的前十年被一位迅速积累了最高权威的强势总理领导这一事实，并没有伤害到民主，反而促进了它，尽管在个别情况下有种种的矛盾。

这就是为什么所谓的"复兴理论"没有切中要害。这种理论认为，政府没有把1945年的"零点"用于制定政治经济社会的新秩序，而是适应和继承了十九世纪末以来的传统和发展，特别是二十世纪上叶的传统。无疑，宪法制定者们在审议基本法时很多方面都参照了魏玛共和国，然而他们以这样一种方式让新政治秩序获得平衡，正如被正确地宣称的，他们"在根本的部分与德国宪法史断然分离……[贯彻了]盎格鲁－撒克逊传统的核心要素"（曼弗雷德·格特马克语）。这点在阿登纳推行的"总理民主"的政治设计中得到反映。另外，新的市场经济体系不同于之前的以及其他西欧邻国的经济体系，它不仅明显包含更少的国家干预，同时力图将个人的逐利需求与社会责任感和对社会弱势人群的保障结合起来。

同时，"陈腐的五十年代"这一形象也被新近的研究证明是无稽之谈。阿登纳时代的重建并不是借鉴前人的经验，而是近代德国历史上前所未有的革新，具有积极的建设性。因此，那些年被视为破旧立新的时代，德国政治经济西方化启动的时代，以及六十年代自由化和转型进程的成型和孵化阶段。就连社会文化和价值观也开始革新，尽管在这个领域，传统的观念仍占据主流地位，如女性和家庭形象、教育风格和教育体系。埃里希·凯斯特纳将当时的生活风格比喻为"机械化的比德迈耶时代"，这生动地展示了传统的印记。这个年代的巨大瑕疵无疑在于，从未对纳粹的过去展开公开的讨论。

如果说五十年代中期是阿登纳"总理民主"的巅峰，那么五十年代末阿登纳根深蒂固的建国总理形象出现了裂痕，他的政治嗅觉和主导地位减弱，公众中出现了关于他继任者的讨论，其外因是"总统人选闹剧"（汉斯-彼得·施瓦茨语）。阿登纳于1959年春天考虑成为总统特奥多尔·豪斯的继任者，却在几周之后又宣布放弃。一段时间以来，鉴于健康原因和总理这个职位的辛劳，阿登纳在小范围的政治参谋团中着手考虑继任者人选，这对这位八十多岁的老人来说情有可原。结果，他认为没有一个潜在的候选人有能力担此重任，没人能按照他的构想治理联邦德国的内政外交。看起来如果他担任总统，总理的职位便会被让给错误的人。因此当联盟党团在议院让路德维希·艾哈德担任新总理的决定似乎已成定局之时，阿登纳却即刻撤回了自己的总统候选人意愿。在给党团主席海因里希·克罗内的信中，他清楚表明自己的动机："艾哈德先生是最好的经济部长，我们希望他继续担任……但是在如此敏感和危险的外交领域，他并没有经验……在日益严峻的外交形势下,他担任经济部长有多出色,当选总理就会有多危险……因为他一定会用经济部长的方式……去确定外交政策。"因此,他除了弃任联邦总统之外,别无选择。

将国家元首一职视为儿戏,以及对多年来的政治伙伴艾哈德的侮辱,让阿登纳的声望持续受损。他在党内和公众中的声望明显下降。这也体现在接下来的1961年的议院选举中:1957年,联盟党获得了50.2%的选票,超过了绝对多数,而在1961年跌到了45.3%,因此必须和潜在的联合伙伴自民党协商。而自民党在选战中明确表示,虽然它有意重新组建联合政府,但换一个总理的时候到了。弃任总统事件给总理人选问题带来了不小的影响,几个党内同僚摩拳擦掌,准备继承这位年迈总理的衣钵。八十五岁的阿登纳最终通过两个手段来自救:首先,他主动接近社民党,希望和他们组成联合政府,迫使自民党让步;其次,他向基民盟的联邦理事会承诺,如果他再次当选总理,他会在两年后,也就是议会任期中段卸任,但并没有指明具体时间点。这个保证在他给联盟党团主席的信中再次被提及。从这个时候开始,他成了一个随叫随走的总理。

"《明镜周刊》事件"再次令他威信蒙羞。1962年10月10日,汉堡杂志《明镜周刊》发表《有条件的军备》。这篇报道与不久前举行的北约军事演习结果有关,演习发现了联邦国防军在建设和武装方面的巨大缺陷。报道使用的材料相当翔实,让人立刻怀疑有人暗中给作者提供了机密材料，而杂志和情报提供者因此犯下了叛国罪。联邦检察院介入调查，于10月底向《明镜周刊》的发行人和责任编辑以及相关人等发出了逮捕令，并搜查了杂志社编辑部。

虽然这次事件在法律层面上最终不了了之，它的政治影响却是巨大的。自民党和它推举的司法部长在事前并没有被告知这一行动，他们因此感到被羞辱，并要求相关人士对此负责，特别是要求国防部长，也即基社盟主席弗朗茨·约瑟夫·施特劳斯下台。由于阿登纳拒绝满足这一要求，自民党便将司法部长撤出内阁，以此迫使施特劳斯下台，并要求重组政府。这时社民党充当了雪中送炭的角色，他们给基民盟提供了组成联合政府的可能性。阿登纳接受了社民党的好意，11月初，两党开始就联合政府的问题进行第一次协商。在准备性会谈中，双方确定西德将参照英国模式，引入多数选举法，并将其视为联盟的核心政治计划。然而，社会民主党迟迟不确定选举法，这让联盟党对组建大联合政府的兴趣持续下降。倒是自民党被关于选举法的讨论，重新唤起了回到内阁的兴趣，而且因为施特劳斯已经表示，重组内阁不会因为他而失败，所以阿登纳才能迅速地按照原先的模式重组内阁，度过危机。同时他许诺，在议院夏休结束后辞职。

1963年10月15日，在一系列的告别访问以及包括汉诺威文斯托夫的联邦国防军游行在内的活动之后，阿登纳在议院一次隆重的会议中正式离任。时常和阿登纳唱反调的同僚、联邦议院议长欧伊根·格斯腾迈尔再次回顾了即将离任的总理的政治功绩,并用一句话结束了他的发言:康拉德·阿登纳对他的祖国功勋卓著。雷鸣般的掌声表达了人们的赞誉。

第四章

外交家和政治家

亲西方、欧洲一体化与和解

"在外交政策领域我们的方针是不变的。它的目标首先是：同西方邻国，特别是美国建立亲密关系。我们全力以赴，争取尽快被吸纳为欧洲联邦具有同等权利和义务的成员。与此同时，我们会与在西欧各民族中日益强大的基督教民主力量紧密合作。"1949年8月27日，在写给中央党副主席海伦妮·韦塞尔的信中，阿登纳用这段话描述了他的外交纲领。早在1945年，阿登纳便坚信，鉴于东西方阵营的冲突越来越尖锐，德国必须站在西方强国一边，才能获得支持，才有未来。阿登纳认为，未来德国的外交准则不是与两个阵营保持距离，也不是如他的党内同僚雅各布·凯泽在这一时期宣传的那样，成为它们之间的桥梁，而是坚持一贯的西方路线。因为他对德国人的政治成熟度表示怀疑，所以他认为，德国只有与西欧跨大西洋的民主家庭紧密结合，安全和未来才能得到保障。

东西方阵营冲突的世界政治大背景，以及最晚形成于1947年的冷战，对阿登纳执政时期及之后西德外交政策的框架和范围产生了深刻的影响。美国意欲让西方强大，从而防止苏联进一步向欧洲挺进，恰恰是这个遏制政策给刚刚成立的联邦德国提供了一个参照系，使得它从世界政治发展的客体变成国家共同体中有行为能力的主体。阿登纳懂得如何坚持利用由此打开的行动空间。虽然美国和西欧邻国，尤其是法国，认为德国是一直潜在的危险，必须对它保持怀疑和警惕，但"双重遏制"（沃尔夫拉姆·汉里德语）的构想却让吸收和消除西方邻国的顾虑和恐惧成为可能，也即：将年轻的联邦共和国牢牢吸入西欧跨大西洋共同结构体，以消除苏联的威胁，同时抑制德国因历史问题而潜在的危险。

克里斯蒂安·哈克将阿登纳形容成一位"外交革命者"，这很确切。他拒绝民族主义和自治的民族强权国家的构想，在外交政策行为纲领上彻底与传统思想及行为方式决裂。在阿登纳看来，民族国家思想不仅是纳粹富有攻击性的外交政策的根源，而且是德意志帝国和魏玛共和国不能使德国稳居欧洲国家体系中的原因。虽然生于1876年的阿登纳对民族意识的范畴并不陌生，但莱茵地区的成长背景，加上在科隆任市长多年的经历削弱了这种意识。1945年以后，即使旧的印记和信念还在继续产生影响，民族主义和民族范式在德国已名誉丧尽。在"双重遏制"的构想下，阿登纳的西方一体化、将西德融入欧洲和跨大西洋结构中的政策，开启了新的篇章。他在回忆录里这么写道："对于新的联邦德国来说，重要的是一步一步唤起世人对德国的信任。

我认为，基本的前提是明确地投身西方，坚持不动摇。我们的外交政策态度必须是明确的、前后一致的和开放的。"

比起其他很多人，阿登纳更早更清楚地认识到了东西方之间不可避免的对立，以及由此产生的欧洲政治格局的改变。对他来说，德国和欧洲的分裂不是原因，而是两个超级势力间矛盾激化的结果。由于担心苏联会通过将政治军事压力和在西欧的共产主义颠覆巧妙结合，利用东西方阵营的矛盾为自己服务，他及早地在西方寻求依靠和融合。同时他希望，能够利用冷战的力量变化将德国从依附于西方盟国的客体转型成拥有平等权利的主体，即通过西方一体化这个一贯的政策，消除一直存在的主权缺陷，在中期成为独立自主的外交政策参与者。正如1949年9月他在第一次政府声明中所说："通向自由的唯一道路是，我们在与盟国管制委员会保持一致的前提条件下，逐步争取扩大我们的自由和责任。"

在他看来，欧洲运动同样提供了走出外交孤立的机会。1948年至1949年间，他出席了好几个基民盟和其他欧洲政治家参加的会议。利用这个平台，他阐述了对于西欧合作的观点。在向党内同僚汇报1948年5月在海牙召开的欧洲大会以及一致通过的有利于西德加入欧洲联邦的决议时，他说：欧洲联邦的想法我们必须认真对待。这样的一个欧洲联邦也能给未来联邦德国的西方邻国带来安全感，减轻他们一贯对德国的强烈恐惧。在与未来对他而言很重要的欧洲运动拥护者罗伯特·舒曼的第一次会面中，阿登纳强调，在他看来，经济关系是"未来睦邻友好合作最可靠的基础"。

阿登纳认为，只有通过牢固且持续地融入西方民族共同体，德国人才有机会让自己从历史的负担中解脱出来，建设未来。与此相联系的、至少是暂时的德国分裂我们只能容忍，因为目前只有拒绝融入西方，投靠苏联，才有可能实现国家统一。然而，分裂并不代表永远放弃统一。毋宁说，联邦德国应该成为"核心国家"，让东部地区能够被合并进来，如果西方强大和团结到足以改变现状，实现统一。统一在什么时候或者什么样的条件下才可以实现，取决于世界政治局势。

"我们的源头和观念都属于西欧世界，这一点毋庸置疑。"1949年9月20日，新当选的联邦总理阿登纳在政府发言中表示。他准确无误地批评了德国与西方隔离的历史及政治观点，同时与十九世纪以来影响德国外交政策的德国中心论保持距离。正如上面引用的、他在当选两周前写给海伦妮·韦塞尔的信中描述的，他之所以主张西方一体化的外交和联合政策，是因为他认为德国归属于西方文化圈。1949年夏末新成立的联邦德国不仅缺乏国际声誉，甚至不能进行自主外交。根据1949年9月21日生效的被占领状态，德国处于以三个西方大国为代表的盟国管制委员会的控制之下。根据被占领状态的保留条款，联邦总理与代替军事最高长官的高级专员之间的协商成为"外交政策活动的原始形式"（汉斯－彼得·施瓦茨语）。一直到1951年，阿登纳这位西德政府首脑都得经常到彼得斯贝格的管制委员会去汇报政府事务，和他们讨论逐步废除被占领状态，让联邦德国渐渐恢复主权。

协商的核心问题首先是盟国工业拆卸计划的修订。在这个问题上，阿登纳希望显著减少对西德的工业拆卸，作为回馈，联邦政府同意加入鲁尔国际专署，这是一个监督鲁尔区重工业的部门，之前西德一直拒绝加入。通过艰难的协商，管制委员会在1949年11月22日的《彼得斯贝格协定》里同意撤销工业拆卸计划，并承诺检查被占领状态。此外，他们还批准西德加入1948年4月成立的欧洲经济合作组织，该组织负责管理马歇尔计划的经费，协调共同建设项目。同时，西德也被接受加入欧洲委员会。通过这一系列斡旋，阿登纳取得了重要的外交成就。

关于阿登纳和管制委员会的协商，内阁、联盟党团和议院均不知情。在有关《彼得斯贝格协定》的会谈过程中，反对党爆发了激烈反对，这种反对长久地伴随着阿登纳的外交政策。社民党主席库尔特·舒马赫虽然也赞同西德加入西方阵营，融入民主的社会主义欧洲国家，却坚决反对阿登纳对西方盟国的迎合并接受他们出于安全考虑的保留。此外，社民党认为，阿登纳的西方政策中缺少关键的内容，即与德国重新统一的目标的结合点。在1949年11月24日至25日激烈的争论中，他猛烈抨击了阿登纳的方针，并充满敌意地将他称为"盟国的总理"，这不仅没有伤害阿登纳，反而伤害了他自己。从此在西方政治家的眼中，社民党主席是冷酷的德国民族主义的化身，而波恩政府首脑阿登纳却值得信赖和支持。

然而，西方一体化政策比预期的更加艰辛和坎坷，特别因为法国很难忘记历史——1870年以来的四分之三个世纪中，德国曾三次进犯法国，这让法国政府成了一个特别难以逾越的障碍。法国政府希望与同处一个经济货币联盟的萨尔州在政治和经济方面保持更加紧密的联系，这种意图从一开始就威胁着要破坏阿登纳与西欧各国所追求的平衡。出乎意料地，阿登纳接受了1950年5月法国外交部长罗伯特·舒曼提出的关于"西欧煤钢工业超国家一体化"的建议。阿登纳仅仅在绝对保密的小圈子里通了一声气，便毫不犹豫地接受了这个提议。在给舒曼的私人信件中，他表达了自己最高的喜悦："由于法国政府的这个计划，之前充满怀疑和冷漠的两国关系开始解冻，走向新的建设性的合作。"一方面，舒曼计划的基本思想与他自二十年代起不断推荐的采矿冶金领域的跨国家合作颇为契合，另一方面，他认为法国的提议是一个建立德法关系新基础的契机。

1950年6月20日，舒曼计划大会在巴黎召开，联邦德国、法国、意大利和比荷卢经济联盟派代表团参加，阿登纳的西方政策得到了大力推进。经过漫长的协商，1951年4月18日，达成了成立欧洲煤钢共同体的协议。新组织的核心是一个负责参与国采矿冶金工业生产和销售的最高机构。为了保持跨国家因素和国家利益之间的平衡，有一个共同体议会、一个部长理事会以及一个法院为它服务。随

阿登纳在华盛顿，1953年4月

着煤钢共同体的成立，"欧洲"的形象和结构更加清晰了，这在日常合作中体现出来，通过跨国家的法律形式得到促进。联邦德国作为平等权利的伙伴参与了协商，这对它来说很重要。随着《欧洲煤钢共同体条约》在1952年7月24日至25日生效，鲁尔法规终止，鲁尔国际专署解体，盟国在煤钢领域的其他控制和限制被撤销。阿登纳通过有利于欧洲一体化的行动来推动主权领域内的发展的构想被证明是成功的。

这样的构想在经济领域前景光明,在军事方面却遭到失败。1950年6月25日,舒曼大会开始几天后,朝鲜军队越过边界,对属于美国安全范围的韩国发动了进攻。东西方阵营的冲突发展到了新高潮。对于联邦德国来说,朝鲜战争是一个让其获得自治和平等权利的新助力。早在远东战事开始之前,阿登纳就对盟国管制委员会提出过参与军事防御的考虑,但该提议被驳回。当前对共产主义进攻欧洲的恐惧,改变了阿登纳军事防御计划的大背景。考虑到苏联在传统军备领域的压倒性优势,对于阿登纳来说,扩充欧洲在数量上明显处于劣势的军队非常有必要,只有这样才能从形式上实现西方对联邦德国的安全保障。然而在这种情况下,他明确拒绝成立西德自己的军队,而更倾向于联邦德国在一支欧洲军队的组织中拥有自己的军事力量,或以北约成员国的身份参与西方防御。当然,他认为,西德的防御贡献只有在西德被接受成为平等权利的伙伴之后才会被考虑。简单来说,通过这一步,他争取的是修订之前生效的被占领状态,恢复联邦德国的主权。

由于欧洲军事力量现状不容乐观,一直以来,华盛顿和伦敦的军事专家都认为让联邦德国参与防御的必要性是无可争议的。然而政治原因阻碍了它的实施,战后仅仅五年便再次组建德国军队,这遭到了公众猛烈的反对。朝鲜战争的爆发从根本上改变了局势。不仅西方国家的高级军官和政治家开始积极加强传统军备,对德国参与军事防御持保留态度的公众的声音也较之前减弱了。这种情况让阿登纳的计划成功的机会越来越大。

由于德国国家军事力量的建立不管在德国还是在西方国家都无法想象，讨论给出了两种选择：一是在北约框架下组建独立的德国军队，一是在欧洲军队中建立德国武装力量。当华盛顿和伦敦的政治家和高级军官们在这两种方案之间犹豫时，法国政府明确表示赞同后一种。1950年10月24日，法国总理勒内·普利文在国民议会中阐述了关于建立一支将联邦德国军队纳入其中的、跨国家的西欧军队的计划。单个国家的出兵额尽可能小。当然，西欧国家保留了在欧洲军队之外经营自己国家军队的可能性。建立军队的细节以及计划中应该以法国的军官为主的"欧洲军队"领导结构，处处显示着对联邦德国的歧视。

阿登纳对该计划深感失望，被普利文的建议所打击，但他仍决定不公开表态，而是与同样认为法国的计划不妥的英国和美国达成一致，着手对其修改。围绕欧洲防卫共同体的拔河赛持续了三年多。在协商过程中，对联邦德国出兵额的歧视或多或少地得到了消除。1952年5月签署的《欧洲防卫共同体条约》和最初的普利文计划大相径庭，当然遭到了法国的反对，国民议会关于是否通过该条约的争论一直持续到1954年8月30日，终于以319票对294票通过将条约从议事日程上删除的决定。这宣告了《欧洲防卫共同体条约》的失败。同一天晚上阿登纳亲密的政治伙伴海因里希·克罗内在他的日记里写道：这对欧洲是一次打击，今天是黑色的一天。

不仅欧洲防卫共同体在塞纳河边遭到了反对，在莫斯科也有反对阿登纳西方一体化政策的扰乱行动。1952年3月10日，在普利文计划的讨论阶段，以及同时进行的关于结束德国被占领状态的协商过程中，斯大林照会西方三国元首，向他们建议成立一个统一的、自主的、民主的德国，并配备自己的国家军队。当然，对它的实力和武装，也要进行一定的限制。作为再统一的代价，斯大林要求德国成为严格的不结盟国家，以及承认奥得河－尼斯河线①。斯大林表示，二战战胜国应该和这个即将建立的政府签订和平条约。在进一步的交流中，斯大林再次明确地阐述了他对全德选举问题的看法，然而他没能影响西方战胜国的基本态度。他们在回复中指出，一个统一的德国政府只能在自由选举的基础上产生，必须将政党联盟和政治结盟的自由交回给德国，不能禁止它的活动，也不能干涉它的内政。最终，东西方阵营间的照会因为立场对峙的加剧而终止。

阿登纳认为，斯大林的照会是苏联的宣传手段，目的是干扰联邦德国融入西方的计划，因此他丝毫没有为之所动。对他来说，欧洲一体化政策的结束意味着联邦德国将保持中立进而短期或长期遭受苏联的干涉，而美国很有可能会因为欧洲一体化政策的失败而撤出欧洲大陆。如果联邦德国因为克里姆林宫提供的这个含糊不清的可能性而去

---

① 德国和波兰的边界。

质疑融入西方的政策，那么这无异于用辛苦赢得的信任去冒险。在他看来，这是不可弥补的损失。因此，他在多轮谈判中敦促西方强国代表，明确地拒绝斯大林的方案，继续进行欧洲防卫共同体的协商。

普利文计划和斯大林照会引发了联邦政府内部的激烈讨论。矛盾的中心在社民党，后来进一步蔓延到了联合政府和内阁。西德外交政策的基本问题成了辩论的焦点，这让争论尤为激烈。第一是关于融入西方政策和再次统一之间的矛盾，第二是关于重整军备的原则，第三是关于联邦德国和西方强国之间的关系。政府和反对党对西德参与防御并不存在原则上的争议，矛盾的中心主要在阿登纳外交政策的方式方法上。社民党坚持在参与共同防御协商之前确立国家主权，只有这样才能拥有和其他协商伙伴同等的权利，因此社民党反对阿登纳的"预先效劳"政策。同时，党内的不同声音也越来越强，他们出于基本的伦理道德观，出于对和平和德国政治的考虑，拒绝重整军备，这符合德国公众的观念。辩论越来越艰难，以至于政府和反对党双方都和联邦宪法法院通电话，希望能够确定联邦德国参与防御是否符合基本法。而卡尔斯鲁厄的法官似乎并不准备在相关条约缔结前预防性地回答这个问题。

斯大林照会导致了最激烈的争吵，此时西方一体化对德国统一的反作用被推到了讨论的焦点。不光是反对党，还有自民党和基民盟的知名人士都恳请阿登纳，试探一下斯大林的建议是否诚恳，以此来探查德国不久之后实现再统一的机会。在此之前，对于西方一体化是否会将欧洲局势固定化，从而减缓德国统一进程这个问题的保留，本来就存在于人们的潜意识当中，现在像病毒一样爆发了。新闻媒体的态度也受到了影响，在报道这些观念时会用一种中性的语气。

强烈的反对虽然在很大程度上使阿登纳感到不安，但并没有动摇他对斯大林意图的判断。他认为，重要的是不屈从于苏联的诱惑，迅速融入西方阵营。除《欧洲防卫共同体条约》之外，西方一体化计划最重要的是《一般性条约》，以帮助联邦德国从被占领状态中解脱出来，重新调整其与西方强国之间的关系。阿登纳希望能尽快将占领法规完全替换掉，却面临着巨大的反对，尤其是来自坚持特殊安全预防措施的巴黎方面。然而阿登纳倾向于暂时接受这个规定，因为他相信，相关条约一定会得到修订，欧洲一体化和大西洋合作是迟早的事。1952年5月26日，《一般性条约》在波恩签署，1952年5月27日《欧洲防卫共同体条约》在巴黎签署。近一年后，两个条约在联邦议院以绝对优势被通过。

法国国民议会在"黑色的"1954年8月30日否决了《欧洲防卫共同体条约》，破坏了联邦德国加入西欧防御体系的努力。然而这个政策的基本方针没有终止，当然，它的核心需要以新的协议形式来构建。现在在北约的框架下有一条出路。英美在五十年代初已考虑到这种解决方案，而目前法国政府也表示有意一起分担。然而法国仍然坚持像过去一样出于安全考虑对德国进行控制,以及在这之前解决萨尔问题。

这样,各方对监督西德在欧洲基础上建立军事力量达成了一致。为了这个目的,西欧五国联盟——1948年成立的西欧五国联盟,现在已将联邦德国吸纳为新的成员国——被赋予了更多的监督功能。尤其在军备领域,他们规定,联邦国防军的装备必须被严格监督。除了传统领域的军备限制,联邦德国还放弃了生产核武器和生化武器,这是阿登纳在一次艰难协商中承诺的。

在萨尔问题上,双方元首协商达成萨尔法规,促成了两国的谅解。它规定了将萨尔地区欧洲化,不过有两个条件,一个是未来与德国的和平条约必须确认这一法规,另一个是萨尔地区的人民必须通过全民公决赞成这个法规。然而,事与愿违,萨尔地区的公民于1955年10月以三分之二的多数拒绝了萨尔法规,从这次公投结果可以预计有关萨尔地区加入联邦德国的投票结果。法国只能接受这个结局。1957年1月1日,萨尔州作为第十个州加入波恩政府。

与加入西欧联盟和北大西洋公约组织的协商同时进行的是,重新讨论规定联邦德国和西欧国家关系的《德国条约》[①]。该条约第一条规定,从现在起联邦德国获得"一个主权国家在内政外交事务中的全部权力"。对主权的限制仅限于"与柏林和作为整体的德国有关的权利和责任,包括

---

① 又称《波恩条约》,以《一般性条约》为核心。

德国再统一与和平条约"，以及战胜国在驻军方面的优先权。在内政问题上颇具争议的捆绑条款也宣布作废，该条款规定，一个再次统一的德国必须依附于西方协议。相反，联邦德国和美英法三国强调了他们在和平条约签署之前会相互合作，"旨在利用和平的手段实现他们共同的目标：一个和联邦德国一样拥有自由民主宪法的、融入欧洲共同体的统一的德国"。

《巴黎协定》于1955年5月5日生效，它由十一个条约和协议组成，其中包括《德国条约》、结束被占领状态的协议，以及加入北约的协议。在十年的时间里，联邦德国由战败国变成了结盟伙伴。阿登纳因此完成了他迫切的、自1949年起锲而不舍追求的目标：联邦德国上升为自由西方联盟里拥有平等权利的伙伴。这标志了他的外交政策的巅峰。然而在同一个月，一年前实现了苏联所谓"主权"的民主德国成了华沙条约组织成员国，从而成为东部阵营政治军事结构的一分子。从此以后，苏联当局不忘着重宣传"两个德国理论"，即在战败国德意志第三帝国的领土上，产生了两个新的主权国家。

在这样的政治形势下，1955年6月阿登纳被邀请去莫斯科参加联邦德国和苏联建立外交关系的协商。苏联方面的主动对联邦德国来说隐藏着巨大的风险：如果阿登纳接受了，便意味着他间接支持"两个德国理论"，如果他不接受，便会遭到国内舆论的责难，说他未能充分代表德国的利益，尤其当时滞留苏联的德国战俘回国问题正处于议事日程的热点。然而，他之前在小范围内早已明确表示，在实现主权之后，他希望能建立和各国的外交关系，其中包括苏联，以此扩大外交和德国政策的行为自由。

9月初，阿登纳带领一个庞大的代表团访问莫斯科，其中包括反对党议员。在多轮艰苦的、几近失败的谈判之后，终于取得突破：苏联领导层同意，让德国战俘回国。四周后，第一批战俘从弗里德兰驻地回国，接下来的几个月，有近一万名战俘和两万名平民也跟着返回了联邦德国，这大大地提高了阿登纳在德国公众中的威望。

阿登纳的莫斯科之行取得的第二大成果是，与苏联建交。这是联邦德国到目前为止第一次和一个同两个德国都有联系的国家保持外交关系。苏联宣传的"两个德国理论"由此得势，联邦德国独自代表德国的要求遭到削弱。因此，在莫斯科期间，代表团中已经有人提出了一种疑虑，即未来该如何对待那些同东德建交的国家。根据外交部长哈尔斯坦命名的"哈尔斯坦主义"将联邦德国与苏联的关系视为德国与二战后战胜国的特殊关系，为这个例外辩护。人们应该忽略这个问题，坚持联邦德国作为德国唯一代表的要求：在将来，自由选举和民主合法的联邦德国也将作为德意志帝国的唯一权力继承者，有权代表所有的德国人，而民主德国和它的政府则缺少合法性。从苏联回国之后，阿登纳在议院的政府声明中描述了该学说："即使在第三方国家面前，我们也认为我们迄今为止在所谓的'民主德国'问题上的立场是正确的。我必须毫不含糊地指出，如果将来有与联邦德国保持外交关系的第三方国家同时与民主德国建交,联邦政府会将它看成不友好的行为,因为它会加深分裂。"

1957年,联邦德国和南斯拉夫断交时,哈尔斯坦主义首次被使用。其他牺牲品,如古巴以及阿登纳离任后的一系列阿拉伯国家,知道如何利用与联邦德国和民主德国的外交游戏来让对方在其他问题,首先是经济问题上让步。即使联邦德国之前成功地在一段时期内让民主德国被国际孤立,然而从长期来看,"哈尔斯坦主义"束缚了外交领域和德国政策的行为自由。随着统一问题逐渐退出国际政治的关注范围,哈尔斯坦主义也失去了其对德国政策的影响力。

主权的获得以及联邦德国进入北约不能掩盖这一事实,即一年前欧洲防卫共同体的失败是欧洲政治的一次灾难。德法关系遭受重创,而德国融入欧洲问题、德国经济力量问题,还留在议事日程中。通过外交和安全政策方面的紧密合作来推动一个共同的欧洲的努力失败后,欧洲国家寻找着"欧洲复兴"的其他可能性。让·莫内,1953年8月起担任煤钢共同体高级机构第一届主席,希望继续从煤钢共同体出发,继续行业融合的道路,继而将交通和能源,特别是核能领域整合起来。来自比荷卢经济联盟的政治家们,包括荷兰外长约翰·威廉·贝恩以及比利时外长保罗-亨利·斯巴克,主张将欧洲的国民经济融合到一个共同的市场,消除内部关税,设立共同的对外关税。

按照比荷卢经济联盟的建议建立共同市场带来的关键好处是，将不安的和活跃的德国诸邻国整合起来。正如1956年2月初比利时外长斯巴克对英国首相艾登说的："欧洲一体化……提供了一个限制德国扩张的框架，创造了一个保障德国而防止某些诱惑和冒险的利益共同体。"这么做符合大家的共同利益，"只要还有时间，也就是说，只要阿登纳还在位。我认为，要最终确定德国政治的未来走向，仅靠《大西洋公约》的纽带作用——顺便说一句，十分脆弱——还远远不够。我们必须更多地采取行动，这是毋庸置疑的"。阿登纳热情的亲欧洲路线恰恰是保护德国人免受自己伤害的"最有效的且可能是唯一的手段"。

联邦政府一开始对共同市场以及核共同体并不感兴趣。经济部长路德维希·艾哈德以及负责核问题的国防部长弗朗茨·约瑟夫·施特劳斯认为这有损本国的经济发展。阿登纳却坚决支持成立欧洲经济共同体和欧洲原子能共同体，他首先考虑的不是经济利益，而更多是政治意图。经济的一体化可以推动政治的统一，进而使欧洲在对抗美苏两个超级大国时变得更加强大。

联邦政府很快成为共同体建立的驱动力量，进而奠定了西德新的外交地位。1955年6月，也就是联邦德国取得主权的短短几周后，在墨西拿举行的关键的煤钢共同体成员国外长会议，一致决定启动专家会议来审阅提出的建议，形成完整报告。在费时和充满分歧的协商之后，1957年3月25日，在罗马签订了成立欧洲经济共同体和欧洲原子能共同体的条约。欧洲原子能共同体创造了和平利用和控制核能的共同基础,而欧洲经济共同体用共同的行政机构创造了一个共同市场。目标是建立一个取消关税障碍、不间断的经济空间,实现畅通无阻的人员、服务以及资本流通。欧洲经济共同体的中心行政机构——部长理事会、欧洲委员会、欧洲议会和欧洲法院——是从煤钢共同体的机构发展而来。其中,跨政府的部长理事会扮演了最重要的角色。

《罗马条约》的协商中,主要矛盾仍然存在于联邦德国和法国之间。德国工业对共同市场抱有很大期望,且在工业物资领域能保证巨大的收益,而莱茵河对岸的法国却害怕在竞争中不敌德国,而必须寻求补偿。联邦政府在农业市场以及原子能共同体问题上的迎合铺平了妥协的道路。欧洲对于法国来说逐渐成为一种工具,法国相信它能利用这种工具来弥补自己失去的权力,特别是在面对美国的时候。而阿登纳将欧洲经济共同体看成通往政治联盟这一更大目标的道路上的里程碑,以及欧洲计划在未来能够持续发展的保证。

《罗马条约》的签订意味着,阿登纳的核心外交目标,即融入西方阵营,基本实现。在东西方阵营对峙的大背景下,与华盛顿的联系保证了西德的生存。联邦国防军的建立以及联邦德国被纳入北约的政治军事决策圈,进一步稳固了与美国的关系。而在欧洲机构的框架内与西欧伙伴的联系加深了政治、社会和社会文化的西方化,逾越了精神和物质的鸿沟,也增强了西欧面对美苏两个超级大国时的实力。坚持发展欧洲一体化是阿登纳作为联邦德国开国总理的核心功绩。融入西方意味着德国作为民族国家在外交政策走向上的重大转折,正如克里斯蒂安·哈克所说,它将联邦德国"从过去地理上的中心地位带入大西洋民主的政治现代性中"。

然而,通过融入西方获得的安全和稳定需要付出的代价是,德国分裂的加深。虽然阿登纳坚信,他发展西德以及欧洲一体化的政策终有一日会通向德国统一,然而最晚到五十年代中期,德国和欧洲的局势已经出现固化的趋势。自从两个德国分别加入各自的阵营,东西方就再也没有真正解决德国统一问题的政治兴趣了。缓解东西紧张关系的最初方案建立在以下前提条件上,即在保持两个德国的基础上,提高欧洲的安全度,降低军事冲突的危险。1957年10月苏联成功发射斯普特尼克卫星,证明他们有能力用跨越大洲的远程武器威胁美国的安全。这时,西方大国比从前更加不愿意去解决容易发生冲突的德国统一问题。对他们来说,安全和稳定比德国问题的进展更重要。阿登纳的外交政策和德国政策,不管是作为构想还是从操作角度来说,都陷入了低谷。

这一点在1958年至1962年的柏林危机中显而易见。在1958年10月10日莫斯科体育宫的讲话和11月27日向美英法三国的照会中,赫鲁晓夫质疑了由四个大国控制柏林的现状,并威胁将本由苏联控制的美英法三国出入西柏林的过境检查改由东德负责,如果三国不准备在六个月内协商柏林地区的"正常化"。在美英法三国眼中，赫鲁晓夫将西柏林变成独立的政治单位即自由市的建议非常无耻，这意味着，西柏林屈服于来自东部的压力。尽管苏联态度强硬，美英法三国还是拒绝了协商。虽然之后和苏联的对话在不同的层面展开，却没有取得成果。另一方面，赫鲁晓夫的最后通牒也不了了之。

美英法三国对苏联的回应态度，尽管带着犹豫和拖延，对于阿登纳来说是一个警报信号。它们所作的支持德国统一的公开声明苍白无力，他们在德国问题上并非坚定不摇，更希望能够不作为地维持共存的现状。后果是苦涩的。正如阿登纳的多年密友海因里希·克罗内 1959 年 1 月 23 日在日记本里记录的，阿登纳意识到了他迄今为止奉行的德国政策的失败："因为统一遥遥无期，我们应当认为它目前无法实现；东部将在潘科[①]的掌控之下，而联邦共和国在西方联盟当中；我们必须在了解局势的前提条件下去对话，对话应该上升到东部区域的境况是否合乎人道的问题。"

阿登纳五十年代末在这个问题上采取了独立的行动，这一点同时代的人并不了解。1958 年 3 月他找到苏联当局，与波恩的苏联驻德大使进行严格保密的谈话。他建议给东德如同中立的奥地利的状态，然而对方立刻拒绝了他的建议。阿登纳的下一个努力是 1958 年与 1959 年之交制定，并于一年后修订的"格洛布克计划"，根据该计划，两个德

---

① 柏林的一个区，1949 年至 1960 年为东德国务委员会的官邸所在地。

国先应该承认人民的权利，然后恢复所有政党和自由选举，最后进行全德人民关于统一的公投。当然，这些尝试性的不成熟的想法最终没有取得成效，它们更多的是尚不明朗的德国政治局势之下一种抛砖引玉的手段。

由赫鲁晓夫的最后通牒引起的柏林危机，因逃离东德的浪潮而被激化。自从1953年6月17日工人运动被镇压，民主德国似乎对占领区界线的控制更弱了。而赫鲁晓夫对西方国家的最后通牒进一步加速了东德人的逃离。联邦德国早已接受了集体迁徙的形式。1961年7月有三万余名难民，8月有近五万名逃亡西德。东德对此作出反击，于1961年8月13日沿着东柏林和西柏林的边界修筑柏林墙，粗暴地封锁了之前开放的、城市内部的民主线，违反了战争结束时盟国关于管理前帝国首都的规定。

对于阿登纳和他的政府来说，柏林墙的修筑是痛苦的失败。苏联开始整顿它的管辖区域，毫不顾忌盟国的协定，这一点已经显而易见了。对于阿登纳来说，最关键的问题是，西方国家怎么看待这个问题，它们是否还能遵守最初的德国政策诺言。针对苏联给柏林制造的压力，新任美国总统约翰·肯尼迪于1961年7月25日作出回应，发表题为《三个要点》的电视广播讲话，明确了美国柏林政策的中心原则：西方盟国有在西柏林驻军和自由通行的权利，以及保障西柏林人自治和自由选择生活形式的义务。这段讲话明确针对西柏林，这让听众意识到，美国在东西柏林边界的保护和防御保障已经结束了。

肯尼迪针对柏林危机采取的政策让阿登纳大失所望，在他看来肯尼迪行动力不强，立场不够坚定。这两个政治家之间的关系从一开始就比较紧张。肯尼迪在美国大选中批评了艾森豪威尔政府与西德总理的密切关系，并指责其过分卷入西德政府的目标中。时年八十五岁的阿登纳认为四十二岁的肯尼迪在政治方面缺乏经验，为了便于与苏联共处，他放弃了迄今为止奉行的德国政策，或者说至少接受了苏联关于德国问题提出的协商建议。事实确实如此，美国很长一段时间似乎打算就柏林和德国问题与苏联进行协商。对此高度警惕的联邦总理因此向一位美国时事评论员暗示了两个超级大国间的协商，这导致了华盛顿和波恩之间严重的外交危机。此外，他自己尝试向苏联领导人就其领导方向提出建议，并为德国人在东德的人道救济作出妥协，提出在德国和柏林问题上与苏联签订一个为期十年的维持现状协定。然而这个建议和以前的类似，最后只是阿登纳的一厢情愿，他的"德国政策纸牌屋"（汉斯－彼得·施瓦茨语）坍塌了，现在必须尝试把碎片凑合着拼拢起来，而这些尝试没有取得更多的进展。

对美国在柏林危机中采取的政策的恼怒，特别是华盛顿方面可能放弃之前对联邦德国和德国问题的承诺的印象，成为阿登纳转向戴高乐的原因，后者于1958年重新掌权，同样认为美国靠不住。阿登纳知道这个1945年至1946年间临时政府的主掌者和法兰西人民联盟的创立人曾率先警告过德国的危险和快速崛起。当戴高乐在第四共和国垂死挣扎之际重回法国政坛担任最高领导人时，人们几乎没有期望他和阿登纳能够并肩作战。出人意料的是，戴高乐在就任总理几周后便邀请阿登纳赴他在科隆贝双教堂村的农庄交换意见。

阿登纳于1958年9月中旬"怀着深深的担忧"前往香槟这个小地方，他在回忆录里描述道。谈话的重点围绕世界局势和欧洲规划的未来。两人一致认为，面对东部的威胁，面对美国不确定的方针路线以及大西洋同盟的缺陷，欧洲必须联合在一起，才能和两个超级大国抗衡。阿登纳满意地获悉，戴高乐认为，德法合作在建立一个联合的欧洲的问题上扮演着最核心的角色。因此，他们都相信，两个政府需要长期在外交政策以及其他问题上进行磋商。在科隆贝的会晤成为两国元首间紧密的政治和个人关系的开端。它影响了阿登纳执政的最后几年，且成为德法和解的标志。

不容忽视的是，阿登纳和戴高乐在决定性的外交政策问题上持完全不同的见解。戴高乐虽然坚持欧洲一体化的目标，但他在"祖国的欧洲"的理念指导下，重视政府间的协定，而不是超国家主义的元素。同样，在北约内部，戴高乐试图论证法国的分量，将巴黎发展成为跨大西洋联盟中更加强大的欧洲支柱。出于这个原因，他抗拒英国加入欧洲经济共同体，因为在他看来，英国仿佛就是美国的"特洛伊木马"。

对阿登纳来说，同意这个目标就意味着与他之前奉行的德国政策背道而驰，然而，他对美国不断增长的不信任促使他亲近法国。赫伯特·布兰肯霍恩，时任联邦德国驻法大使，因此也是一位处于核心位置的观察者，不无担忧地猜测，未来法国会同苏联达成谅解，进而改变对德国的政策，而阿登纳努力亲近法国的真正动机是希望他们支持德国政策。在与卡洛·施密特的会谈中，阿登纳没有将两种欧洲方案的区别写进协议，但表达了他的信心，"戴高乐主义"时期后，一个真正的、跨国家的欧洲的理念一定会被关注。而在这之前，德法的和解和友谊是有必要的。"这个目标与戴高乐携手可以实现，也只有与他携手才能实现。"卡洛·施密特是社民党人，同时也是阿登纳德法和解主张的坚定支持者，他说："接下来的事留给历史去解决……"1962年夏天阿登纳和戴高乐进行的国事互访，是新的德法关系的表现。

戴高乐在1962年7月的第一周用盛大的仪式欢迎了阿登纳的来访，在政治会谈结束之后和他一同在香槟市的穆尔默隆练兵场观赏阅兵式，这个练兵场见证过两国之前不少血腥的战役。接着两位国家领导人在法国国王的加冕地点兰斯大教堂参加了庆祝礼拜仪式，二人在兰斯大主教座对面两把罩着红丝绒的祷告椅前的照片传遍了世界。

戴高乐两个月后对联邦德国进行回访，欢迎仪式的隆重程度不亚于阿登纳访问法国。戴高乐利用这次机会成功演绎了对"大德意志民族"的尊重和法德之间"联合"的景象。会谈在政治方面围绕法德关系可能的进展，特别是关于一个旨在让两国的外交和防务政策协调一致的固定协议，但也赞成在各种内政问题上展开更紧密的合作。正如联合公报强调的那样，采取"实用的措施"，"有效加强现存的共识"。

阿登纳与戴高乐在波恩，1962年9月4日至9日戴高乐国事访问期间

1963年1月22日两国政治家在巴黎爱丽舍宫签署《爱丽舍条约》，将先前会谈的约定在该条约中确定下来。条约规定两国国家元首和政府首脑之间及各部或行政机关之间定期会晤。除了传统的外交和防务领域外，青少年及教育问题也受到关注。青少年交流和文化来往的加深，将使

得联邦德国和法国的亲密关系深入人心。

在条约签署前几天,戴高乐对英国加入欧洲经济共同体投了反对票,加强了法国继续发展国家核计划的决心,《爱丽舍条约》因此获得更大的爆炸性。如果说之前政府、议院和公众中已经有很多声音迫切地警告阿登纳,不应该和戴高乐如此亲近,以及质疑戴高乐的欧洲政策构想,这次则更引起了轩然大波,并威胁到条约的核心。不仅美国和西欧城市的人们陷入了对波恩政府方针的担忧,联邦德国内部也掀起了巨大的批评浪潮,认为这抛弃了过去的跨大西洋伙伴关系和欧洲一体化方针。

在这种情况下,有权通过条约的议院成立了一个由政府议员和反对党议员组成的圈子,他们决定将一个序言放在条约前面,这样可以修正条约中有利于法国的片面内容。这项被议院大多数支持的声明将《爱丽舍条约》界定为自1949年起西德外交政策的继续,把继续发展和美国以及北约的伙伴关系作为西方安全政策的决定性舞台,宣布继续在欧洲经济共同体的框架下发展跨国家的欧洲一体化政策,框架中包括了将来的成员国英国。

这条序言在戴高乐看来是对《爱丽舍条约》的贬低,阿登纳在他核心的外交政策项目中也明显遭到惨败。在他总理任期结束前的几个月,基民盟最高领导层的大部分人都拒绝再追随他。该条约暂且失去了具体的意义,主要是因为新任总理路德维希·艾哈德从未隐瞒他的亲英美政策。

然而这些解释都太流于表面。首先,德法协议以条约的形式固定下来，它是德法两国自二战结束后在亲近和和解过程中发展出来的结果。此外，该条约对未来意义重大，因为它将两国之间高密度的协商制度化：无论赫尔穆特·施密特和吉斯卡尔·德斯坦，还是赫尔穆特·科尔和弗朗索瓦·密特朗之间的友谊都沿袭自《爱丽舍条约》；不管是促进了两国政策密切协调的内阁部委层面定期协商，还是一些日常交往，如青少年交流和友好城市，还是其他使得两国双边伙伴关系扎根于民众的倡议，所有这些都大大促进了欧洲一体化的进程。当国内就德法条约的辩论进入最白热化的阶段，阿登纳对他儿子保罗的固执回答包含了不止一点真理："我认为这条约的签订是（！）我漫长的总理生涯中最伟大的成就之一。"

结　语

阿登纳生命的最后几年并不是心满意足地回顾昔日成就的悠闲时光。这位九十岁的老人并没有退隐到七峰山勒恩多夫家中的玫瑰花园享受惬意的田园生活，或在科墨湖边的科里纳别墅度假。正如他在卸任前几天的采访中提到的，他愿意"除了发挥议员的功能之外，用我的经验财富为未来的政府出一臂之力，如果人们需要我的话。只要允许，我也希望做一个对德国人民有用的人"。他定期出席议院全体会议以及联盟党团的会议。直到1966年初，他都在主持基民盟的理事会会议。此外，他还在选战中反复作为演讲人，在大会以及各种活动中登场，没有哪天不是排满了日程和任务。各种采访活动也越来越多，在采访中，他不仅回顾自己的执政生涯，也发表自己对当下内政外交政策问题的看法。

他批评的主要对象是不受他喜欢的继任者路德维希·艾哈德。批评主要针对后者的外交方针，批评的核心是新政府不赋予他最大的遗产《爱丽舍条约》以活力，而是损害他辛苦和法国建立起来的信任关系。他同样抨击艾哈德的美国政策,不管在政府内部还是在公众面前,都猛烈地批评华盛顿政府。"跨大西洋派"和"戴高乐派"的矛盾已经决定了围绕德法条约的争议,它仍在逐渐激化;而阿登纳在这场论战中是积极的参与者,他不畏惧地往火里不断浇油。

然而,他的声音最终没有取得成效,他作为已经卸任的总理对政局的干预使公众感到惊讶。虽然有不同的联盟党政治家以及前工作人员继续与他保持联系,但他已无权再参与国家核心政策的决定并获得相关信息。即使党主席一职也不足以影响联邦德国政策的制定。基民盟领导圈内部的斗争也从来没有断过,这些斗争决定了联邦政府政策,也使具有权力意识的州级党组织负责人不任由自己被主席利用。阿登纳和其他一些人考虑在基民盟安排一个能够和艾哈德抗衡的主席继任者,并在短期或长期内接替艾哈德担任总理,这个愿望一再落空。阿登纳的最后一个失败是,1966年3月的党代会上,一个他不喜欢的人当选基民盟主席,而他只被授予荣誉主席一职。

阿登纳在这几年还致力于他的回忆录,这是他的新任务。早在五十年代,他便考虑请人撰写他的一生,向公众展示传播他令人信服的领导人形象。经过斟酌,他授权作家保罗·魏马尔撰写自传,但仅仅记录他五十年代中期之前的人生,重点放在他作为政党政治家和联邦总理的角色上,之后再补出一卷关于1945年之前的书。据他自己所说,为了这个计划,他特地在花园建了一个能俯瞰莱茵河谷的

阿登纳在勒恩多夫家的花园里，1949 年 10 月

凉亭，在那里投入他的新工作。然而，对于他来说，写回忆录并不是为了回顾他的人生成就，而是"一种新的工具，为了搞政治，影响未来"，如他的密友和同事安内利泽·波平加所说。

波平加从1958年开始担任阿登纳秘书，现在成为他不可或缺的支持。她准备材料，完成年代一览表，到波恩各部寻找缺少的材料，把它们复印下来，然后将这些蕴藏了巨大财富的材料整理筛选。1965年10月第一卷（1945—1953）出版，1966年第二卷（1953—1955）出版，第三卷（1955—1959）在阿登纳去世后不久出版。关于总理任期内剩下几年的第四卷没有完成。

回忆录有大量的文献和材料做支撑,特别是在外交领域,信息量巨大、表现力强,然而对于这位前联邦总理的内政问题却涉及较少,在内政和党派政治中的失败几乎没有提及,而是重点关注他将自己的意图、目标和行动成功推行的外交问题。档案材料、谈话记录、笔记,以及其他材料赋予了回忆录极强的说服力,是概览西德这些年外交政策的最好参考资料,尤其是为研究提供了重要的知识和观察。

另一个保护自己遗产的行动是出访。阿登纳在联邦德国经常扮演激烈政治分歧的发起者和挑战者,而在外国总是作为欧洲规划最后的代表和奠基人,享有极高的声誉。巴黎是出访的首选,每次访问戴高乐都怀着极大的热情用最高礼遇迎接他。在1964年11月9日的第一次出访中,戴高乐将军便倡议,让他作为荣誉成员加入法兰西道德与政治科学院。这项荣誉不久前也授予了温斯顿·丘吉尔和艾森豪威尔。

1966年5月初在以色列的访问得到了特别强调。对这位前总理的邀请在以色列国内引起了强烈的争议,本－古里安和纳胡姆·戈德曼不顾争议坚持要在机场迎接他。对于阿登纳来说,这次出访是对他为以色列赔偿协定付出的努力的迟到的承认。他对随行记者肯定地说:"我任总理的时候从不相信我有一天会应以色列邀请出访。"受邀去本－古里安的私人住宅这一事件,强调了这次访问对改善德国和犹太人之间不堪重负的关系的意义。

1967年2月,他最后一次远程出访,目的地是西班牙。作为欧洲的德高望重者,他受到了隆重的欢迎。他在西班牙首都马德里文化协会会堂的讲话,有上千名知名人士参加,讲话中他再次承诺欧洲一体化,因为唯有这样才能在美苏两个大国的威胁下生存下去。"在我们的时代,历史之轮高速旋转。欧洲国家要继续保持政治影响,必须采取行动,如果不能立刻找到一个最好的解决方案,那么人们必须采纳第二或第三好的。如果不能所有人都参与,那么由那些愿意的人参与。为了获得它在世界政治中的利益,欧洲必须变大、变强,必须有影响力。"

西班牙之行前,阿登纳因严重的流感将访问推迟了几个月。反复发作的秋季流感不断攻击这位当时已逾九十岁的老者的身体。1967年3月末,他心肌梗死发作,1962年1月的第一次发作未对公众公开。之后又患了支气管炎,几周后发展成肺炎。然而阿登纳不愿意严格遵医嘱卧床休息,而是继续接见访客,口授信件。健康状况每况愈下,心肌梗死再次发作让他变得越来越虚弱。1967年4月19日正午时分,阿登纳在勒恩多夫的家中,在家人的陪伴下离世。这位欧洲伟大政治家漫长的、动荡的、伴随着丰功伟绩的一生画上了句号。

时 间 表

1876年1月5日　　在科隆出生，是家里五个孩子中的第三个

1885年4月　　进入使徒文理中学

1894年3月6日　　高中毕业考试

　　4月起　　在弗赖堡/布赖斯高、慕尼黑和波恩学习法律

1897年5月22日　　第一次国家司法考试

1901年10月19日　　第二次国家司法考试

1904年1月26日　　与埃玛·魏尔结婚

1906年3月7日　　当选科隆市市长助理

1909年7月22日　　当选第一市长助理，此后成为科隆副市长

1916年10月6日　　妻子埃玛·阿登纳去世

1917年9月18日　　当选科隆市长，任期为十二年

1919年9月25日　　与古希·岑泽尔结婚

1929年12月17日　　再次当选科隆市长，但只获得微弱优势

1933年3月13日	被纳粹解除科隆市长职务
4月26日	隐居马利亚·拉赫本笃会修道院
1934年6月30日	遭盖世太保逮捕
1937年	迁入策尼希斯路8a号新居
1944年9月25日	被捕，关押于科隆附近的布劳魏勒监狱
1945年5月4日	复职为科隆市长
1946年3月1日	被委任为基民盟英占区理事会主席
1948年3月3日	第二任妻子去世
1949年5月23日	联邦德国基本法颁布
9月15日	当选首任联邦总理
11月22日	《彼得斯贝格协定》同意撤销工业拆卸
1950年5月9日	罗伯特·舒曼提出"西欧煤钢工业超国家一体化"
1951年3月15日	设立对外事务部
1952年3月10日	斯大林照会
5月27日	在巴黎签署《欧洲防卫共同体条约》
9月10日	与以色列签署赔偿协议
1953年10月7日	二度当选联邦总理
1955年9月8日至14日	访问莫斯科
1956年11月5日	第一次在巴黎进行国事访问
1957年3月25日	签署《罗马条约》

10月22日	三度当选联邦总理
1958年9月14日/15日	第一次访问戴高乐
1959年4月7日	被提名为联邦总统候选人
6月5日	退选
1961年8月13日	开始修建柏林墙
11月7日	四度当选联邦总理
1962年10月26日	《明镜周刊》事件
1963年10月15日	辞去联邦总理职务
1964年3月16日	再度当选基民盟联邦主席
1967年4月19日	在勒恩多夫的家中去世